企业现金流与营运资本管理

王美江◎著

人民邮电出版社

北 京

图书在版编目（ＣＩＰ）数据

企业现金流与营运资本管理 / 王美江著. -- 北京 ：
人民邮电出版社，2021.10
ISBN 978-7-115-57077-2

Ⅰ．①企… Ⅱ．①王… Ⅲ．①现金流量－风险管理－
研究②企业管理－资本经营－研究 Ⅳ．①F820.4
②F275.6

中国版本图书馆CIP数据核字(2021)第158539号

内 容 提 要

在企业的经营过程中，现金流决定着企业的生死，如果不能很好地管控现金流，企业就有可能陷入经营困境。对企业管理者来说，现金流就是生命线，管理好现金流，才能确保企业持续发展。

本书从企业如何进行现金流管理和如何做好营运资本管理出发，通过九章的内容详细地阐释了现金流管理的内容、方法、案例、模式等。

本书内容丰富、案例多样、结构清晰、图文并茂对企业管理者、相关从业者具有较好的指导和学习价值。

◆ 著　　　　王美江
责任编辑　李士振
责任印制　彭志环

◆ 人民邮电出版社出版发行　　北京市丰台区成寿寺路 11 号
邮编　100164　电子邮件　315@ptpress.com.cn
网址　https://www.ptpress.com.cn
三河市君旺印务有限公司印刷

◆ 开本：720×960　1/16
印张：15.5　　　　　　　　　2021 年 10 月第 1 版
字数：268 千字　　　　　　　2025 年 5 月河北第 9 次印刷

定价：88.00 元

读者服务热线：(010)81055296　印装质量热线：(010)81055316
反盗版热线：(010)81055315

企业赖以生存的是什么？

有人说，是产品。有人说，是口碑。有人说，是客户。

以上回答，都是企业发展的重点，但是它们又不足以完全概括企业生存的核心。可口可乐为什么可以卖到全球？华为集团为什么能够跻身世界一线企业？万达集团又为何在顶峰时期开始收缩业务？还有曾经的巨人集团，为何因为一栋大楼的建设而让整个集团陷入破产的窘境？

答案之一就是：现金流出了问题。

表面上看，现金流无关产品、口碑、客户，但事实上，企业生产产品、展开销售、维护客户，都需要强大的现金流做后盾。在企业的经营过程中，现金流决定着企业的生死，如果不能很好地管控现金流，企业就有可能陷入经营困境。如果没有现金流，那么企业的所有业务都无法展开，采购、生产、销售等一系列行为也就无从谈起。

在现代企业管理中，现金流是一个非常重要的概念，"现金流管理"是创业、投资、开拓市场的第一核心。老干妈可以做到完全不依赖外部融资却成为行业翘楚，其核心之一就在于对现金流的精准把控。

什么是现金流？通俗易懂的解释就是：企业一定时期的现金和现金等价物的流入和流出的数量。这就意味着，销售商品、提供劳务、出售固定资产、收回投资、借入资金和购买商品、接受劳务、购建固定资产、现金投资、偿还债务等内容，都被纳入现金流的体系。现金流入的模式、效率，现金流出的方向、回报率之间是否平衡决定了企业是否具有足够的现金开展业务、偿还贷款。所以，在企业财务领域，有这样一句话：现金流比利润更重要！现金，才是企业真正的血液！

我们可以看到：现金是否能够满足企业的正常运转；企业的投资是否能够

进一步扩大现金流；企业是否有一套完善的营运资本管理方案，保证现金可以持续不断地流动……都关系着企业的生死存亡。

现金流与营运资本的管理，并不是一句话就可以说清的事情。当前我国很多企业的经营者、财务管理人员，甚至对现金流与营运资本一知半解。这样的企业，也许短期内通过某个项目获得了较高的利润，但是长期来看，最终多是无疾而终。这就是为什么我国非常多的中小企业成立十年内会走向灭亡——不是没有盈利，而是没有现金流支撑企业进一步发展。

为了帮助企业解决现金流问题，构建合理且完善的营运资本管理体系，让企业在发展过程中能够良性、健康运营，并且在市场竞争中获得强大的市场竞争力，本书在"现金流"与"营运资本"两大层面，重点从认识和理解现金流、企业现金流入与流出管理、企业应收账款管理、资金预算与分析管理、现金流量的量化计算与分析、企业营运资本管理、如何准确预测未来现金流量、企业现金流战略风险控制架构与管理模式设计，以及企业资金管理的各项工作与资金预测报告编制九个方面，深入浅出地讲述了现金流与营运资本各个方面的知识。

本书融入了很多具有借鉴意义的案例，并通过对案例的分析，详细剖析企业运营过程中的各种问题，并提供了解决的办法与思路。本书还融入了多样化的图表，通过文字与图表的互相解释与融合，帮助读者快速学习和掌握相关知识。通过阅读本书，企业创始人、企业管理者等群体，可以快速而系统地学习企业现金流与营运资本的相关知识，做好自己企业的现金流管理，增强企业的市场竞争力，让企业持续经营，持续获利！

编　者

目录

第9章　企业资金管理的各项工作与资金预测报告编制 ········ 203

第 1 章
认识和理解现金流

"现金流很重要",这句话我们都很熟悉。但是,现金流究竟是什么?很多企业家、财务管理人员对此往往并没有充分的了解,仅仅将其当作"账面上的资金"。事实上,现金流不是一个数字,而是直接决定企业能否走出困境、能否产生循环利润的关键。想要做好现金流的管理,首先就要正确认识和理解现金流。

1.1　什么是现金流

想要做好现金流管理，首先要认识现金流，了解现金流的分类、作用和价值，这是现金流管理的前提。

1.1.1　现金流的概念

狭义上的现金流，即企业库存现金，就是现钞。而在企业管理领域，现金则具有更广泛的定义：企业的全部货币资金，既包括库存现金，也包括银行存款。

在现代企业管理学中，现金流是广义上的定义，它是企业开展经营活动的前提。建立完善的现金流管理体系，才能确保企业的生存与发展，没有现金流做支撑，企业就无法在市场竞争中提升竞争力。

对于现金流，我们的定义是，企业在一定会计期间按照收付实现制，通过一定经济活动（包括经营活动、投资活动、筹资活动和非经常性项目）而产生的现金流入、现金流出及其总量情况的总称，即企业一定时期的现金和现金等价物的流入和流出的数量。

销售产品产生的现金流，是我们非常容易理解的现金流。除此之外，提供劳务、出售固定资产、收回投资、借入资金等，会形成企业的现金流入；而现金流出，则包括购买商品、接受劳务、购建固定资产、现金投资、偿还债务等流出的现金。现金的流入与流出，共同组成现金流，如图 1.1-1 所示。在考核企业是否经营状况良好、是否有足够的现金偿还债务、是否具有较为长远的发展潜力时，现金流是非常重要的指标。

```
                                    ┌─────────────┐
                                    │  销售产品   │
                                    ├─────────────┤
                                    │  提供劳务   │
                         ┌────────┐ ├─────────────┤
                         │现金流入│─┤ 出售固定资产│
                         └────────┘ ├─────────────┤
                                    │  收回投资   │
                                    ├─────────────┤
                                    │  借入资金   │
              ┌──────┐              └─────────────┘
              │现金流│
              └──────┘              ┌─────────────┐
                                    │  购买商品   │
                                    ├─────────────┤
                                    │  接受劳务   │
                         ┌────────┐ ├─────────────┤
                         │现金流出│─┤ 购建固定资产│
                         └────────┘ ├─────────────┤
                                    │  现金投资   │
                                    ├─────────────┤
                                    │  偿还债务   │
                                    └─────────────┘
```

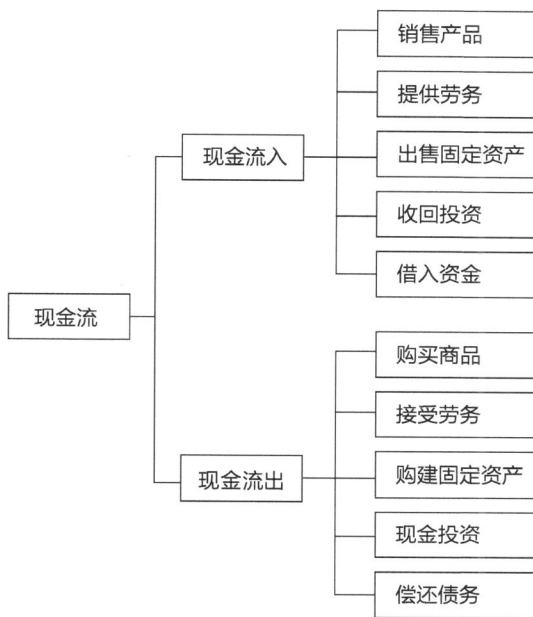

图 1.1-1 现金的流入与流出

多数企业认识到现金流对企业的影响，但需要重点注意以下方面。

（1）现金各项目之间的增减变动，不会影响现金流量净额的变动。例如，企业从银行提取现金或将现金存入银行，或购买两个月到期的债券，这些虽然会产生资金的流动，但是都属于现金各项目之间内部资金转换，现金流在本质上没有增加或减少，这就是对现金流不产生直接影响的资金的流动。

（2）非现金各项目之间的增减变动，也不会影响现金流量净额的变动。例如，用原材料对外进行投资，用库存货物进行债务偿还，用固定资产清偿债务，这些现金流动属于非现金各项目之间的增减变动，不会直接影响现金流的增加和减少，没有直接涉及现金的收支。

（3）企业使用现金购买原材料、进行对外投资、发放工资、收回长期债券等，就涉及现金的进出，现金各项目与非现金各项目之间的增减变动使现金流量的净额发生变化，引起现金流入或流出。

以上几种情况都会对现金流产生直接或间接的影响。在进行现金流管理时，必须有侧重地管理。

任何一家企业，在公布财报时，都必须提供资产负债表、利润表、现金流量表，这三张表会直接表现企业的能力。其中，现金流量表表现一家企业的现金流量，更表现资产负债表的变化，是对资产负债表变化的解释。现金流量，可以反映企业能够产生多大的资金流量，流量越大，企业盈利能力自然越强。当然，这是建立在健康的现金流管理之上的。针对一家企业进行现金流分析，就可以很快判断该企业的产品是否符合市场需求、是否建立了完善的供应链管理体系、内部资金管理是否健康，进一步确认该企业是否具备长远的发展能力。

1.1.2　现金流的分类

按照属性和类型，现金流可以分为两类。

1. 以属性进行分类

以属性进行分类，现金流分为现金流出与现金流入两类。

（1）现金流出，即现金的支出，它包括以下几类。

①固定资产投资：购入或建造固定资产的各项资金支出。

②流动资产投资：投资项目所需的存货、货币资金和应收账款等项目所占用的资金。

③营运成本：投资项目在经营过程中所发生的生产成本、管理费用和销售费用等，通常以全部成本费用减去折旧后的余额表示。

（2）现金流入，即通过经营产生的资金收入，它包括以下几类。

①营业收入：经营过程中出售产品的销售收入。

②残值收入或变价收入：固定资产使用期满时的残值，或因故未到使用期满时，出售固定资产所形成的现金收入。

③收回的流动资产：投资项目寿命期满时所收回的原流动资产投资额；此外，实施某项决策后的成本降低额也作为现金流入。

2. 以类型进行分类

以类型进行分类，现金流分为以下三类。

（1）经营活动产生的现金流量。所谓经营活动，是指企业投资活动和筹资活动以外的所有交易和事项。经营活动包括劳务服务、产品销售、租赁活动、采购活动、广告宣传、生产活动、税款缴纳等。经营活动会形成最直接的现金流量，与企业的利润息息相关。

但是，企业在某个时间段内产生的净利润，不一定都构成经营活动产生的现金流量。例如，当企业对固定资产净收益进行处置时产生的损失，就不属于经营活动产生的现金流量。

根据现金流量的走势，我们可以看到企业通过经营活动产生的现金流入和流出，从而判断企业的经营活动对现金流入和流出净额会产生怎样的影响。不同的行业，由于特点不同，所以经营活动性质的确认可能会存在一定的差异，必须根据行业、企业的实际特点，进行合理的现金流量归类，并编制现金流量表。

（2）投资活动产生的现金流量。所谓投资活动，是指企业长期资产的购建以及不包括在现金等价物范围内的投资及其处置活动。投资产生的现金流，并非企业直接经营产生的现金流，而是包括取得或收回权益性证券的投资，购买或收回债券投资，购建和处置固定资产、无形资产和其他长期资产等非直接运营产生的现金流动。

（3）筹资活动产生的现金流量。筹资活动，包括吸收权益性资本、资本溢价、发行债券、借入资金、支付股利、偿还债务等。筹资活动产生的现金流量主要是指企业通过资本运作、借款还款产生的现金流。企业筹资能力以及筹资产生的现金流量，也会对经营产生影响，但并不属于经营活动产生的现金流量。

在进行分析时要注意区分三类不同的现金流，否则会造成核心经营业务的不清晰。例如，某企业通过销售办公厂区产生的较大现金流，是投资活动产生的现金流，并不具备持续性；实际生产经营产生的现金流非常小，全年经营已经非常乏力。如果不做好区分，会误以为企业经营良好，给企业未来的发展规划带来负面影响。企业在编制现金流量表时，一定要注意分类。现金流量表及补充资料如表 1.1-1 所示。

表 1.1-1　现金流量表及补充资料

编制单位：　　　　　　　　　　　　　____年____月　　　　　　　　　　　　　单位：元

项目	金额	补充资料	金额
一、经营活动产生的现金流量：		1. 将净利润调节为经营活动现金流量：	
销售商品、提供劳务收到的现金		净利润	
收到的税费返还		加：计提的资产减值准备	
收到其他与经营活动有关的现金		固定资产折旧	
经营活动现金流入小计		无形资产摊销	
购买商品、接受劳务支付的现金		长期待摊费用摊销	
支付给职工及为职工支付的现金		待摊费用减少（减：增加）	
支付的各项税费		预提费用增加（减：减少）	
支付其他与经营活动有关的现金		处置固定资产、无形资产和其他长期资产的损失（减：收益）	
经营活动现金流出小计		固定资产报废损失	
经营活动产生的现金流量净额		财务费用	
二、投资活动产生的现金流量：		投资损失（减：收益）	
收回投资收到的现金		递延税款贷项（减：借项）	
取得投资收益收到的现金		存货的减少（减：增加）	
处置固定资产、无形资产和其他长期资产收回的现金净额		经营性应收项目的减少（减：增加）	
处置子公司及其他营业单位收到的现金净额 收到其他与投资活动有关的现金		经营性应付项目的增加（减：减少）	
投资活动现金流入小计		其他	
购建固定资产、无形资产和其他长期资产支付的现金		经营活动产生的现金流量净额	

续表

项目	金额	补充资料	金额
投资支付的现金			
支付其他与投资活动有关的现金			
投资活动现金流出小计			
投资活动产生的现金流量净额		2. 不涉及现金收支的投资和筹资活动：	
三、筹资活动产生的现金流量：		债务转为资本	
吸收投资收到的现金		一年内到期的可转换公司债券	
取得借款收到的现金		融资租入固定资产	
收到其他与筹资活动有关的现金			
筹资活动现金流入小计			
偿还债务支付的现金			
分配股利、利润或偿付利息支付的现金		3. 现金及现金等价物净增加情况：	
支付其他与筹资活动有关的现金		现金的期末余额	
筹资活动现金流出小计		减：现金的期初余额	
筹资活动产生的现金流量净额		加：现金等价物的期末余额	
四、汇率变动对现金及现金等价物的影响		减：现金等价物的期初余额	
五、现金及现金等价物增加额	—	现金及现金等价物净增加额	

企业应根据自己的实际情况，对标准现金流量表进行调整，详细展现企业通过经营产生现金流的过程。

1.1.3 现金流的作用和价值

现金流，直接关系着企业的发展。现金流始终贯穿企业的经营，资金具有垫支价值，企业经营活动从资金投入开始。企业的任何一个行为，都会与现金流产生关系：企业购买商品、接受劳务、支付工资及各项费用，最终都要支付现金；企业偿还到期债务也必须付现。如果企业现金流断裂，就意味着企业将面临破产的风险。股价暴跌、投资人撤资、市场销量持续下滑……都是现金流管理不当时会出现的现象。

"现金流是企业的生命线",这是企业都非常认同的真理。

我们所熟知的很多财经新闻,事实上背后都有企业现金流的作用:

京东的盈利能力有限,甚至很多部门连年巨亏,但是为什么仍然可以获得高额融资,受到资本市场的欢迎?就在于京东的现金流非常健康,是经营性现金流且现金流丰沛。这就意味着京东具备很好的供应链管理与内部管理能力,未能获利只是暂时的,只要能够保证现金流健康,未来就会获利。

为什么王石退出万科后,郁亮能够快速接手万科,成为新任总裁?因为郁亮具有非常强的现金流管理能力和经验,他的售房回款、财务管理水平在业内是公认顶尖的,他能够保证万科的大旗不倒。

具体来说,现金流对企业的作用和价值在于以下几点。

1. 企业生存和发展的"血脉"

只有企业现金流动起来,才能说明企业处于正常运转之中。在企业的经营管理活动中,资金的运动从货币形态到实物形态,再到货币形态,周而复始。一个企业如果没有现金流,就意味着没有进行生产、销售、招聘,整个企业处于完全静止的状态。现金流是企业生存和发展的"血脉",只有让现金流转起来,才能不断实现企业的目的。企业对规模经济的渴望和对外扩张的需求,决定了企业对现金流有非常大的需要。是否拥有健康的现金流是一家企业是否正常运转的关键。

2. 动态反映企业的财务状况

企业现金流量表,可以反映企业在一定时间内的现金和现金等价物流入和流出的情况,并从侧面反映企业的财务状况。健全的现金流体系,有利于企业高层、投资方了解和评价企业获取现金和现金等价物的能力,并据此制定未来的现金流规划,对企业的盈利质量进行评价。

3. 提升企业市场价值

现金流能体现企业价值,正如京东,虽然尚未大规模获利,但在资本看来却是非常具备发展潜力的品牌。从企业价值看，现金流是企业生存的"血脉"，现金流的增加代表企业价值的增长。哪怕企业规模很小，但是如果企业的现金流非常健康，企业也会获得源源不断的融资机会，例如小米；但是如果企业现金流管理很差，再大的企业也会逐渐走向衰落，如摩托罗拉、诺基亚等。现金流充足说明企业的经营状况良好、承受风险的能力强，这些使投资者的信心足。企业现金流的数量和增长速度决定了企业的价值，现金流不断增加，企业价值也能不断提升。

1.2 企业经营活动对现金流的要求

一家成熟企业的现金流需要具备以下几个特点。

1.2.1 安全

首先，要保证现金流的安全性。现金流直接关系企业的生存，尤其对于重资产企业，如果忽视对现金流安全性的管理，例如坏账频发、企业内部出现严重的贪污腐败，会直接造成企业无法正常运转。

尤其对于民营企业来说，现金流的安全性更加重要。民营企业普遍规模较小、业务线有限，融资能力和渠道有限，更加依赖现金流产生利润，以此保证企业的生存。从现状来看，我国的民营企业现金流管理尽管比过去有了一定进步，但与较高的标准和要求相比还存在明显差距。尤其是对中小企业来说，通常是企业领导者"一言堂"模式，很容易出现随意支取现金的情况，导致财务安全无法得到保障，甚至出现重大财务风险。

当然，大型企业、国有企业也要做好现金流的安全性管理。近年来一些大型企业出现的明显经营危机，大部分源于现金流安全管理的漏洞。

如果忽视安全性管理，导致现金流直接断裂，企业会走上破产之路。所以，对于现金流，企业必须做好安全保障，建立企业现金流安全体系，确保每一笔资金的流向，做到安全工作、组织健全、人员专业、检查高频、处理从严。企业应建立对收入、利润与现金流量差异的实时控制体系，从现金流入与流出的角度来考虑对现金预算的控制与考核，保证每一笔钱都花在刀刃上，不会产生无意义的浪费。

预算是直接影响现金流支出的重点，企业还要建设现金预算体系，加强资金调控，通过现金预算，掌握现金流入、流出情况。企业的所有支出，必须与通过审批的预算相吻合，保证现金不被随意挪用。还要根据企业生产经营情况保留适当的现金余额，对多余现金进行合理运用。这是一个规范的运作程序，只有通过科学的管理手段和调度模式，企业才能完善现金流量制度化管理，保证现金始终被合理使用，具有极高的安全性。

1.2.2 增值性

在保证安全的基础上，要实现现金流增值，这是企业发展的根本目的与动力。经营企业就是为了通过经营获得利润。例如，当我们在某个项目上投资一百万元，通过一系列的运转活动最终收益依然是一百万元，这就意味着投资的资金连资金时间价值都没有收回来，更没有产生增值。没有资金增值的企业，是任何企业家和投资人都不愿意投入过多精力的，最终企业会陷入无法运营的窘境。

通过现金流的运作实现增值，所涉及的要素不仅是本金＋增值，还要综合考虑它的增值幅度是否能超过其他投资。例如，银行的最低收益率加风险补偿金是投资成本，而投资回报率产生的收益才是企业的真正收益回报。以 7% 为基准，就意味着将资金放在更加安全的银行内每年至少会有 7% 的回报率；但是，如果我们经营企业，年回报率低于7%，那么这就是无意义的生产经营，反而风险更大、利润更低。所以，企业必须围绕投资增值做运营构思，使企业任何活动都产生价值，这样现金流的增值才是有意义的。

古语道：千做万做，亏本不做！增值率过低的企业利润尚且没有意义，更不要说完全不产生价值甚至赔钱的业务。当然，现代经济领域里，有些商业模式可以暂时性不获利，例如京东、bilibili 视频平台，它们虽然也没有产生盈利，但是因为知道什么时候可以获利，所以短时间没有盈利并不会影响它们的发展。

1. 2. 3　顺畅

关于现金流，有这样一个说法：资产负债表是底子，利润表是面子，现金流量表是日子；资产负债表如同人的躯体，利润表如同人每天必需的吃喝拉撒，现金流量表相当于人体的血液。

现金流动是否顺畅，就像人的血液流动是否顺畅一样，关系着企业能否正常运转。某种程度上，现金流动顺畅甚至比获利更加重要。利润的多少，在很大程度上反映企业生产经营过程中所取得的经济效益，通常以一段时间为统计依据，如季度、年度等。短期内没有盈利，并不意味着企业无法生存。

但是现金流能否顺畅流通，直接决定了企业方能否在当下生存，它考核的是经营周转是否顺畅、资金是否紧缺、支付偿债能力大小、是否过度扩大经营规模，以及对外投资是否恰当等。

尤其在移动互联网时代，现金流动是否顺畅更加重要。很多新兴企业，如美团、滴滴打车等，往往不计成本地拓展市场。短期内它们需要有非常强大的现金流运转能力，追求的是未来获得利润。如果现金流动不顺畅，会直接导致当下的业务无法开展，企业最终消失。就连曾经辉煌一时的 ofo 共享单车，也遭遇了资金链运转不顺畅的问题，面临极大的压力，随时可能彻底退市。

这就是为什么很多创业企业，财报上亏损巨大，但仍然能够存活。保证了现金流动的顺畅，就可以开展当前的业务，源源不断扩大市场规模，让投资方看到品牌进一步发展的可能性，所以能够实现不断融资。

现金流动是否顺畅，很重要的一点在于回款是否可以按计划进行。很多企业都存在应收账款难以回收的问题，往往是过了账期很久以后账款才得以顺利收回。一次延误问题不大，但是如果多数账款都存在滞后性，就会使企业的资金压力非常大，严重影响正常业务的开展。企业在经营过程中已经垫付了产品的采购及生产成本，若产品赊销后不能及时收回款项，甚至形成呆账、坏账，就意味着没有足够的现金收回，那么无论做了多少规划也不可能正常开展。被应收账款拖累的企业不在少数，账面上看它们已经产生盈利，但是因为现金流动不顺畅，最终不得不选择关门。

现金流动的顺畅，体现的是业务开展的顺畅、内部管理的合理。整个企业的业务都能在规定的时间内完成，不论是资金筹措、原料供应，还是产品设计研发、生产过程、市场销售、资金回笼，每一个环节都能有条不紊地推进，企业始终处于正向循环之中，不存在明显的现金流漏洞。这样的企业只要有一个清晰的发展战略，那么即便当下还没有产生盈利，但最终会产生巨大的利润。

1.2.4　循环速度快

良好的现金流，一定是循环速度非常快的，要最大限度避免现金流出现长时间呆滞，造成资金的浪费。企业的现金流管理，最重要的是循环速度的管理，速度太慢，会造成收入无法偿还债务，不得不采用外部融资的方式保证现金流的流转。而付出的代价就是融资成本，例如高层的股份稀释等。

为什么老干妈可以做到不融资但却在行业内处于绝对领先的地位，就在于其强大的现金流管理，尤其是对于循环速度的把控。

在财务上，往往通过现金循环周期（cash conversion cycle，CCC）来衡量现金的周转速度，它的计算公式如下：

$$CCC = 应收账款周转天数 - 应付账款周转天数 + 存货周转天数$$

CCC数值越小，意味着现金流周转越快。如果CCC能达到零，意味着企业不需要用自己的钱即可完成资金的流动。而老干妈、戴尔集团，甚至可以使其达到负数。无论是收购农民的辣椒，还是把辣椒酱卖给经销商，老干妈的经营模式永远是现款现货。陶华碧曾说："我从不欠别人一分钱，别人也不能欠我一分钱。"这就是一种非常典型的CCC负数：没有库存，也没有应收账款和应付账款，收入与支出始终是在同步进行之中的，这让老干妈始终具有高达数十亿元的现金流。所以，老干妈无须任何融资计划，也不必上市，即可成为盈利能力强的公司。

一般来说，存货周转期和应收账款周转期越长，应付账款周转期越短，所需营运资金数额就越大；相反，存货周转期和应收账款周转期越短，应付账款周转期越长，所需营运资金数额就越小。

从老干妈的案例和理论中可以看到：应收账款和存货会直接影响现金流的循环速度，是企业应当关注的重点。对于应收账款，加强货款回收工作，对应收账款应有专人管理，不断跟进付款方，保证资金在规定的时间内快速收回，以便投入其他生产工作；同时，还要有人负责延期追讨，确保没有或尽可能少的坏账，确保自有资金来源。企业可以根据自身的实际情况，压缩收款流程、优化贷款支付过程，如利用现金浮游量，支付账户集中、展期付款、设立零余额账户、远距离付款等方法，在合理的范围内尽量延长贷款支付的时间，加速现金流的周转。

存货也会直接影响现金流的流转速度。库存过高，必然会导致大量货物积压，有限的现金被长时间占用，无法开展其他生产活动。所以，企业应建立科学的库存管理，随时了解企业现金流量、库存、销售、应收账款等情况，科学安排资金、有效运用资本、降低资金成本、提高使用效率。如果库存能处于较为安全的数值，通过最优经济订货量、最低订货量和安全存货量等的确定来予以执行，就会保证现金可以始终在最需要的环节加以利用，大大提升现金流的循环速度。

1.2.5　变现能力强

对现金流的最后一个要求，就是变现。这种变现并非单次获利，而是循环的变现能力。对于现金流管理，一方面要保证有足够的现金资产，保证项目的正常开展，另一方面要兼顾各种突如其来的变故。多数情况下，投资者的初始投资资金是企业营运资金的保活资金，在初始阶段保证每一笔资金都是对发展有帮助的。随着项目不断发展、规模不断扩大，资金会不断侧重用于运营设备、工具、厂房等，固定资产会越来越多地占据总资产份额。

另一方面，在企业运营的过程中，还会不断形成新的客户关系，在这个过程中，会出现与客户相关的不良资金、不良资产、不良产品、不良库存等。尤其是不良客户关系而造成的不良投资。当企业的初始投资资金和滚动积累资金变得越来越少，甚至出现各类债务时，就会导致企业发展与投资者的初始意愿越来越远。

企业问题越多，变现能力就越弱；问题越少，则变现能力越强。例如，我们与一家企业形成合作关系，通过第一次合作，双方都非常满意，那么未来就可以实现更深层次的高频合作，最终实现循环的变现能力。

现金流的变现与利润有一定类似，但又不完全相同。利润是评估一家企业价值的决定性依据，是指每一个会计年度（一般是一年）所实现的利润额，它是一个结果而非过程，所以很受人为因素的干扰和操纵。而现金流的变现则是企业实实在在的现金流入与流出，具有客观性。

例如，利润显示：企业上半年收入 300 万元，但事实上未收回的账款也被纳入其中；但在具体的现金流变现中未收回的账款是不会被体现的，翔实统计每一笔资金的进出，尚未进入账户的资金将不会被纳入统计。所以，现金流的数据更加准确，更能够看到企业的资金变化。

1.3 影响企业现金流正常运转的五大财务风险

现金流在运转过程中，势必会因为各种原因出现各种风险。了解风险，才能提前做好准备，未雨绸缪，避免疏忽而造成现金流流转不当。

1.3.1 管理风险

造成现金流出现问题的首要风险，就是管理风险。其中，盲目扩张、过度投资是非常常见的管理风险。严重的，甚至会造成企业资金链断裂。

企业进行扩张、收购和兼并，是正常的商业模式，其目的是获取最大的资本收益。但是，扩张、收购和兼并，都需要大量的资金做后盾，通常情况下，企业很难通过自有资本来完成一项巨大的收购兼并工程。所以，多数企业都会通过债务杠杆等方式完成这一工作。

在这种模式下，企业的财务风险非常大，尤其存在信息不对称、行业发生巨变或准备收购企业出现明显经营不善等情况时，很有可能造成企业自身的现金流崩断。

典型案例是1988年的"坎波收购事件"，1988年，加拿大富豪罗伯特·坎波属下的坎波公司斥资66亿美元收购美国三家大百货公司，但在收购过程中，由于费用过高，坎波公司除了进行大量的银行借贷，还不得不借入大量利率在15%以上的垃圾债务。结果，坎波公司的现金流已经没有了支撑，导致无法支付巨额利息而产生财务危机，最终不得不宣布破产。

盲目追求多元化，也会给企业的现金流带来非常严重的风险。不了解其他行业的特点，仅仅看哪个行业挣钱就往哪个行业投资扩张，不仅会造成企业资金的分散，而且由于对新的行业不熟悉，往往会因经营亏损而损失资金。

国内 C 品牌就是这方面的典型。1994 年，C 品牌实现上市，很快便跻身国内顶级家电品牌，经历过一段发展的黄金时期，尤其在电视机领域出货量极高，跻身家电巨头行列。2001 年初，C 品牌出现产能过剩情况，于是制定了"大市场大外貌"策略，并选定美国为主销市场，美国 A 公司为其合作对象，C 品牌以赊销的方式在美国开展贸易。

但事实上，C 品牌对美国市场、美国合作伙伴知之甚少，仅仅是为了实现产业的多元化才选择他们。在 C 品牌为 A 公司提供产品后，其应收账款急剧增加。2001 年初，C 品牌的应收账款为 18.2 亿元，到年末，这一数字增加到 28.8 亿元，增幅达 58.2%。到了 2003 年底，C 品牌的应收账款已高达 49.8 亿元，其中 A 公司所欠款为 44.5 亿元。到了 2004 年末，C 品牌几乎被这个项目拖垮，C 品牌 2004 年年报显示，这笔坏账导致 C 品牌在当年亏损 36.81 亿元。

这次失误，没有让 C 品牌反省在管理上出现的问题。2006 年，C 品牌宣布进军等离子屏项目，豪掷 20 亿美元，将韩国一些等离子公司收入囊中。然而没过几年，市场最终选择了液晶屏，C 品牌再次遭遇惨败。对于这个项目，截至 2013 年底，C 品牌已经投资了 17.2 亿元，没有丝毫回报。到了 2014 年，C 品牌公告宣称 6 420 万元出售韩国合资公司 61.48% 的股权。至此，C 品牌的这次大额投资以彻底失败告终。而此时，C 品牌已经投资了 40 多亿元。

2016 年，人工智能产业快速崛起，C 品牌又一次选择大额投资，进军智能机器人产业，与自己擅长的领域越走越远。但是，这一领域需要更加专业的技术和理念做支持，C 品牌长期以来缺乏自己的核心产品，多元化发展过于盲目，并不被外界看好。这个曾经辉煌的品牌，因为长时间以来不断盲目的多元化发展，已经到了岌岌可危的境地。

C品牌的案例告诉我们：企业不是不可以进行多元化尝试，但前提是不能影响现金流，且具备相关行业足够的认知、专业储备和人才储备。否则，盲目多元化只会导致现金流紧张，一旦某一个环节出现问题将会全盘皆输。

1.3.2 决策风险

决策风险，也会影响现金流的运转情况。决策风险主要见于投资上。

企业需要不断进行投资，这是从现金转化为资产再转化到现金收益的过程。无论如今的谷歌、苹果还是曾经的通用集团、三星集团，都需要不断投资，实现现金增值的循环。企业准备的资本金，投入企业经营，变为资产投资及原辅材料、加工费用、管理费用等，而后产生了产成品，产品销售实现后就收回现金，增值部分就是利润。理论上来说，这是一种"现金—资产—现金"的正向循环，如图1.3-1所示。

几乎所有企业都会经历这样的发展过程：不断进行投资，维持企业的发展。要维持企业运转就必须保持这个循环良性地不断运转，这个循环维持的资金被称为营运资金。通常来说，随着经营规模的不断扩大，企业的营运资金规模也会水涨船高；但是，如果营运资金的增长速度快过销售增长的速度，就意味着现金流紧张，直接表现为销售收入增加，而应收账款和存货也随之增加。

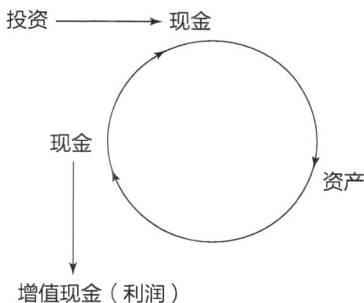

图 1.3-1 投资形成的正向循环

很明显，某些企业的销售增长是靠牺牲效率换来的，企业的财务风险非常高，现金流无法支撑企业运营。这种激进式、盲目式的决策，多数情况下会给企业发展造成严重的负面影响。缺乏科学的投资决策程序，企业领导者一个人完全凭兴趣决定，导致没有科学的定期调查和可行性论证。投入资金后却发现投资规模完全不是企业可以承受的，自然会导致现金流出现明显漏洞。

1.3.3 利润风险

现金流决定最终的利润，但利润并不等同于现金流，这是很多企业高层容易忽视的一点。一些企业看起来拥有较好的利润，但事实上却存在非常严重的现金流问题。典型的现象就是资产负债率过高。

任何一家企业都存在资产负债率，但是其必须控制在合理范围内才不会给企业造成严重风险。过高的资产负债率，会造成偿债压力大，即便账面上有较高的利润率，但经营一旦出现问题，或银行等金融机构紧缩银根，企业资金链就会出现危机，以致断裂。

例如 D 公司，就出现了明显的"高利润、低现金流"的现象。D 公司主营业务是铁矿石、钢铁生产、汽车贸易和物流运输，进入 2014 年后，随着我国钢铁、汽车产业进入产能过剩的阶段，相关商贸活动呈现疲软现象。2014 年，D 公司实现的净利润是 0.46 亿元，看起来似乎在行业内较为健康。但事实上，它的现金流情况非常严峻。

这种情况产生的原因是：2014 年，D 公司的应收账款和存货大幅度增加，而这两个项目的增加与经营活动有关，其中应收账款增加了 4.2 亿元，增幅高达 85%，存货增加了 2.4 亿元，增幅为 25%。

而在 D 公司的库房中，高达 80% 的都是库存商品。企业虽然有盈利，但事实上对于存货跌价准备和坏账准备的计提非常不完善，只占期末余额的百分之几。只是因为应收账款和存货的风险没有充分暴露，所以正利润让外界和内部误以为企业的发展非常健康。

果然，进入 2015 年之后，D 公司的问题开始暴露：公司全年运营状态非常差，年报显示的利润亏损为 0.3 亿元，同时经营活动现金流也不乐观，是 −0.9 亿元。仅仅一年时间，外界对 D 公司的评价就呈现严重的两极分化。

　　这就是典型的利润风险引发的现金流风险。企业只关注利润，忽视随时可能巨增的资产负债率，一旦出现问题就有可能让企业措手不及。

　　利润风险的本质，就是负债风险，它会给企业带来以下危害。

1. 增加企业的财务风险

　　正常的负债，应当保证投资收益高于资金成本。否则，一旦出现收不抵支或银行收紧政策现象，偿债能力就会大大减弱。在负债数额不变的情况下，亏损越多，以企业资产偿还债务的能力就越弱，财务风险也就越大。这样一来，即便短期内企业有盈利，但债务问题却没有得到根本解决，最终企业将会因为无力偿还债务而破产倒闭。

2. 降低企业的再筹资能力

　　资产负债率过高，即便企业有较高的利润，也会导致债务到期时，无法按期足额还本付息。这样一来，企业的信誉就会受到影响，无论银行还是金融机构都不愿意再给企业提供融资，企业再筹资能力降低。但是反观京东这样的"高现金流、低利润"企业，却是投资机构眼中的"黄金股"，能够源源不断地获得筹资机会。

3. 导致股票市场价格下跌

　　对于上市的股份制企业，负债经营所产生的财务风险，不仅会影响企业自身的发展，更会影响股票的价格。尤其当财务报表发布后，会更加影响股票价格。

4. 影响资金周转

　　资产负债率过高，会对资金周转产生直接且严重的影响。企业负债经营必须按期支付本息，如果还款期比较集中，那么就会在短时间内给企业带来较大的还债压力，一些原本应用于企业运营的现金流，不得不用于还债，影响企业资金的周转和使用。

1.3.4　发展风险

发展风险，即对现金流的发展管理非常松散，对企业财务活动缺乏管理或很少管理产生的风险。

1. 企业的成本费用缺乏有效控制

内容僵化、手段老化，这是很多企业都存在的成本控制不力现象，尤其在以下几个方面。

（1）成本计划缺乏科学性、严肃性、确定性。

（2）只注意生产过程中的成本费用控制，忽视供应过程和销售过程的成本费用控制。

（3）只注意投产后的成本费用控制，忽视投产前产品设计以及生产要素合理组织的成本费用控制。

（4）只注重财务成本核算，缺少管理成本核算。

（5）忽视产品生产过程中的成本管理。

以上几种情况，任何一种都会使现金流出现明显漏洞。在中小企业中，这些情况尤为明显。不少中小企业往往业务量较高、利润率也较高，但是因为不注意对成本的控制，频繁出现各种非计划内的额外开支，现金流始终处于紧张的状态，最终直接影响企业的发展。

成本费用控制的动力，应当是对现金流的把握，现金流才是决定成本费用的第一要素。但是，多数企业虽然建立了成本控制体系，但仅限于国家颁布的财务法规中有关成本费用条例的遵守和执行上，侧重于宏观调控，对微观成本的控制存在明显不足。不能意识到这一点，那么无论颁布多少成本费用控制条例，对现金流的改善也会于事无补。

2. 存货资金占用不合理

存货资金也会对现金流产生严重影响。目前，我国多数企业都对库存采用大类管理、进销差价核算的方式，效率低下且漏洞颇多。即便引入计算机系统，也只能停留在单机运行状态，数据无法与其他部门共享。这种落伍的存货管理模式，会造成以下几个问题。

（1）难以详细掌握库存商品的情况。

（2）影响商品的定价决策。

（3）不能及时、准确、科学地预测进货量。

尤其对于一些季节性较强、更新换代较快的商品，如果做不好存货资金的管理，就会因商品积压而出现现金流紧张的情况。

小米为什么能够从一个无人所知的品牌，成为全球名列前茅的手机品牌？重要的一点就是对于库存的把握，将现金流控制放在第一位。众所周知，小米的产品曾经以性价比作为突出卖点，每一部手机的利润不过2%左右，如果大批量采购和生产，会严重制约现金流的正常运转。雷军在面对"为什么小米手机总是处于缺货状态"时，就回答过："小米无法承担万一卖不完，库存积压过大的风险。"

小米对库存的把握是极致的，所以一方面"饥饿营销"是小米的宣传策略，但另一方面缺货也是实际存在的情况。正是因为将存货资金降至最低，小米才能熬过艰难的初期发展阶段，保证现金流源源不断地投入生产和研发之中，这样才能为未来的产品多元化奠定基础。我们在分析小米的成功时，往往忽视了现金流这一点，重视现金流是给其他企业带来的最大的启发。

1.3.5 销售风险

销售是企业赢得利润、保证现金流健康运转的核心，但是如果操作不当，也会给现金流带来危害。一个企业迅速扩张时，销售规模扩大可能会产生更多盈利，通常不会遇到严重的现金流问题。但是，如果企业以超过其财务资源允许的业务量进行经营，出现过度交易的现象，反而会造成企业现金流不足，限制企业的发展。

1.4 现金流量在企业财务管理中的重要性

现金流量是企业发展的根基，也是企业进行财务管理的核心。没有现金流量，那么财务管理就无从谈起，更不要提利润。

1.4.1 净利润与现金流量之间的关系

企业实现的净利润与现金流量，都是企业的经营成果，也是企业最为关注的两个指标，通过它们可以分析企业的实际发展情况。从这个意义上来说，它们有一致的地方。但是，二者又有明显的不同。

1. 内容不同

净利润是指企业当期利润总额减去所得税后的金额，即企业的税后利润。

而现金流量，则是投资项目在其整个寿命期内所发生的现金流出和现金流入的全部资金收付数量。

2. 评价内容不同

净利润是一个企业经营的最终成果。净利润越高，企业的效益必然越好；反之，企业的经营效益就会越差。而现金流量，则是评价投资方案经济效益的必备资料。它主要侧重于评价企业各种生产、投资活动是否产生了现金的流动，相关活动是否合理。

3. 包含内容不同

净利润的计算公式为：净利润 = 利润总额 − 所得税费用。进行净利润分析时，只要关注总利润和税费等问题即可。

而现金流量的内容，则更为丰富。

（1）现金流出：现金流出是投资项目的全部资金支出。它包括以下几项。

①固定资产投资：购入或建造固定资产的各项资金支出。

②流动资产投资：投资项目所需的存货、货币资金和应收账款等项目所占用的资金。

③营运成本：投资项目在经营过程中所发生的生产成本、管理费用和销售费用等。通常以全部成本费用减去折旧后的余额表示。

（2）现金流入：现金流入是投资项目发生的全部资金收入。它包括以下几项。

①营业收入：经营过程中出售产品的销售收入。

②残值收入或变价收入：固定资产使用期满时的残值，或因故未到使用期满时，出售固定资产所形成的现金收入。

③收回的流动资产：投资项目寿命期满时所收回的原流动资产投资额。此外，实施某项决策后的成本降低额也作为现金流入。

可见，现金流量会涉及企业发展的每一个环节。如果说利润更关注的是结果，那么现金流则更关注过程。现金流量虽然也会涉及利润，但它还需要关注除包括购买和销售商品、投资或收回投资外的所有资金往来，包括提供或接受劳务、购建或出售固定资产、向银行借款或偿还债务等。

1.4.2　不同角度看现金流量——股东、债权人、经营者

很多时候，现金流量的意义要大于利润，正是因为其包含的内容更多，可以全方位展现一家企业的具体情况。

在资本市场，银行、金融机构、投资机构对现金流的关注要远远大于利润。经营现金流不足但净现金流为正数时，表明企业至少能够通过筹资或投资获得

现金流偿还贷款本息。企业的一切经营活动始终围绕现金流。企业现金流的轨迹一定要真实。通过对现金流的分析，可以确定一家企业在某一段时间内开展的业务类型、合作的机构等，从而掌握企业真实的经营情况，更加精准地判断企业是否处于健康发展的状态。

不同的人，看待现金流的角度是不一样。在股东、债权人、经营者的眼里，现金流会产生不同的作用。

1. 股东眼里的现金流量

作为世界顶级投资人，巴菲特通过投资成为诸多公司的股东。什么样的公司，才能被巴菲特关注，并得到大规模的投资呢？

在巴菲特的理念中，只有一个标准：卓越的资金运营管理才能。当收购企业或投资股票时，巴菲特会把自己当作企业分析师，而不是市场分析师、证券分析师或宏观经济分析师。

巴菲特曾经这样说："理解财务报表的基本框架对投资者（或管理者）而言是一种自卫方法。当企业管理者想要向你解释企业的实际情况时，可以通过财务报表的规则来进行。但不幸的是，当他们想要耍花招时，同样也能通过财务报表的规则来进行。如果你不能识别其中的区别，那你就不必在投资管理行业干下去了。"

在巴菲特的眼中，现金流量远比单纯的利润更加有实际价值，它是决定自己是否可以投资的第一要素。巴菲特形成了一套独特的投资分析框架，如表 1.4-1 所示。

表 1.4-1　巴菲特的投资分析框架

分析角度（4 项）	具体内容（12 个子项）
财务方面的标准	①关注净资产收益率，而不是每股收益 ②关注自由现金流，而不是会计利润 ③关注核心利润率，而非毛利率 ④关注留存收益的再投资收益率

续表

分析角度（4 项）	具体内容（12 个子项）
经营方面的标准	⑤企业的业务是否简明易懂 ⑥企业的经营是否始终稳定 ⑦企业是否具有令人满意的长期发展前景
管理方面的标准	⑧管理者的行为是否理性 ⑨管理者对股东是否真诚 ⑩管理者是否受惯例驱使
市场方面的标准	⑪评估企业的内在价值 ⑫价格显著被低估时买入（安全边际）

2. 债权人眼里的现金流量

银行系统是典型的债权人，为企业提供发展资金。是否可以对一家企业提供贷款，它们更加看重企业的现金流量是否健康。

建设银行研究部高级副总经理赵庆明就曾明确说："商业银行作为自负盈亏的市场主体，必须考察项目本身的风险系数，特别是评估项目现金流的情况。"银行系统会对利润进行考察，但最终决定是否放贷，现金流才是关键。

债权人之所以更加关注现金流量，是因为现金才是企业经营活动开展的基础。针对需要贷款的企业，银行系统将会委派一位或多位专业人员对企业进行非常细致的考察，尤其对于资产负债表、利润表、现金流量表、所有者权益变动表和财务报表附注，将会进行长达数月的调查，确认数据之间的关系。例如，现金流常常是以货币资金的形式表现出来的，资产负债表中"货币资金期末余额 - 期初余额"＝现金流量表中"现金及现金等价物净增加额"。

此外，对于流水、营业规模和行业规律等，银行系统也会进行逐一排查，确定企业的真实经营情况是否达到银行的标准。企业掌握现金流入的来源是否稳定和可靠，银行以此判断是否批准最终贷款。这就是为什么，不赚钱的京东可以获得贷款，获利的企业却不被银行看中：企业的现金流太薄弱，依赖某一个企业或产业，一旦遭遇风险，现金流断裂，就不具备任何偿还贷款的可能性。

3. 经营者眼里的现金流量

很多企业家对现金流高度重视。他们经常说的一句话是："一家公司即使有盈利，也可以破产，但一家公司的现金流是正数的话，便不容易倒闭。"

企业家们有这样一套资金运营观点。

（1）"现金流、公司负债的百分比是我们一贯注重的环节，是任何公司的重要健康指标。任何发展中的业务，一定要让业绩达到正数的现金流。"

（2）"我们奉行的原则是保持现金储备多于负债，可以起到平衡作用。"

（3）"眼光放大放远，发展中不忘记稳健，这是我们做人的哲学。进取中不忘稳健，在稳健中不忘进取，这是我们投资的宗旨。"

（4）"我们凡事必有充分的准备然后才去做。一向以来，做生意处理事情都是如此。例如天文台说天气很好，但我常常问我自己，如 5 分钟后宣布有台风，我会怎样？在香港做生意，亦要保持这种心理准备。"

1.5　现金流量管理与企业风险控制的目标定位

现金流量与企业风险控制的目标息息相关，那么，我们该如何做好这二者的统一呢？

1.5.1　现金流量和利润的联系与区别

现金流量与利润，这是很多企业容易混淆的两个概念。二者有一定的交叉，但又并不等同。理解二者的联系与区别，才能更好地做好企业风险控制。

1. 定义的联系与区别

现金流量与利润的定义明显不同。现金流量是指企业在一定会计期间按照收付实现制，通过一定经济活动（包括经营活动、投资活动、筹资活动和非经常性项目）而产生的现金流入、现金流出及其总量情况的总称，即企业一定时期的现金和现金等价物的流入和流出的数量。

而利润则是企业的经营结果，是企业经营效果的综合反映，也是其最终成果的具体体现。

从定义即可判断二者的联系和区别：企业的利润总额由营业利润、投资收益和营业外收支差额三个主要部分构成。现金流量包括利润的部分，但还有其他更多组成，例如提供或接受劳务、购建或出售固定资产、向银行借款或偿还债务等产生的现金流入或流出，都是现金流量包括的内容。

将二者等同，单纯计算利润，将会忽视债务问题，很容易导致企业风险控制的缺失，误认为企业处于良性发展状态。一旦遭遇债务集中偿还，企业很有可能出现利润不抵债务的现象。

2. 来源的联系与区别

现金流量的来源主要有三个。

（1）企业资本投入或从银行、其他贷款机构借入的资金。

（2）投资赚取的现金。

（3）企业通过经营赚取利润获得的现金。

可以很明显地看到：现金流量的来源不仅局限于盈利，例如银行贷款就不属于利润。

利润的来源主要有四个。

（1）出售商品价格高出生产成本的那部分。通常，这个部分不会全部都以现金形式呈现，还有部分非现金的应收账款。

（2）采用公允价值核算的某些资产的增值部分，这类利润通常不涉及现金。

（3）进行债务重组时，不需要偿还的债务，这同样不涉及现金。

（4）政府补助。

可以看到，利润的四个来源中，（2）（3）都不会与现金流量产生直接关系；（1），除直接收到的现金的收入外，还有非现金的收入，所以与现金流量也没有直接关联。由此可见，现金流量和利润的来源是并不相同的。

3. 二者的联系：利润的质量取决于利润转换为现金流量的能力

正是因为利润和现金流量的来源不同，所以在实际经营过程中，二者并不会同步。利润只是用来衡量业绩的会计数据，利润不能用来支付员工工资，利润也不能用来购买原材料。所以，在分析利润时，必须确定其是否可以转换为现金流量，利润能否实现变现，以及是否具备可持续性。利润转换为现金流量的能力，就是利润的质量。利润的质量取决于利润转换为现金流量的能力。

换而言之，如果利润不足以支付工资、不足以购买原材料，就意味着现金流量是明显不足的，不足以支撑企业发展，必须依赖其他融资渠道才能保证企业的发展。对于如京东这样的企业，没有盈利是因为尚处于商业布局阶段，其具有完整的未来规划方案，具有非常清晰的现金流架构，足以打动银行、金融机构，所以京东依然可以获得融资；但是对于多数中小企业而言，获取现金流量的唯一途径就是获得利润，那么当利润不足以支撑现金流量时，必然会产生非常大的企业风险，难以得到贷款，企业必然逐渐走向衰败。

简单总结，我们可以这样说：利润是预计未来现金流量的基础。它们之间的差异可揭示净利润品质。只有认识到现金流量和利润之间的联系与区别，才能做好企业的风险控制。

1.5.2　什么是营运资金

在现金流体系中，营运资金是一个非常关键的概念。所谓营运资金，是指企业日常经营活动所占用和使用的资金，即企业的流动资产占用的资金。广义上的营运资金，既包括流动资金，也包括固定资产等长期资产占用的资金，它是企业在进行经营活动时，将会使用到的全部资金。

但在进行企业现金流和营运资本管理中，我们所说的营运资金，往往是指狭义上的营运资金，它指流动资产减去流动负债的余额。

狭义上的营运资金，有利于财务人员对现金流产生更深刻的认识。如果流动资产等于流动负债，则流动资产占用的资金是由流动负债融资的；如果流动资产大于流动负债，则与此相对应的"净流动资产"以长期负债或所有者权益的一定份额为其资金来源。

在过去，财务人员并不特别强调流动资产与流动负债的关系，只是通过差额来了解企业的偿债能力，确认营运资金是否能满足企业发展；而营运资金则会反映流动资产与流动负债的关系，让财务人员意识到对营运资金的管理要注意流动资产与流动负债这两个方面的问题。

1. 流动资产与流动负债

（1）流动资产。所谓流动资产，是指可以在一年以内或超过一年的营业周期内实现变现或运用的资产，它具备容易变现、占用时间较短和周转很快的特点。如果企业的流动资产较为充裕，那么可以有效降低财务风险。通常来说，在资产负债表上流动资产的内容包括货币资金、短期投资、应收票据、应收账款和存货等。

（2）流动负债。所谓流动负债，是指在一年或者超过一年的一个营业周期内偿还的债务。流动负债具有偿还周期短、成本较低的特点，所以又被称为"短期融资"。对于流动负债，企业必须重视，否则将承担较大的风险。流动负债主要包括以下项目：短期借款、应付票据、应付账款、应付职工薪酬、应交税费等。

2. 营运资金的特点

营运资金，具有以下几个特点，如图 1.5-1 所示。

（1）波动性。流动资产或流动负债容易受内外条件的影响，例如短时间内的应收账款数量较多，就会对营运资金产生较

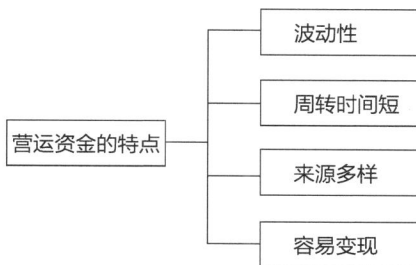

图 1.5-1 营运资金的特点

强烈的影响。

（2）容易变现。非现金形态的营运资金，包括存货、应收账款、短期有价证券等，都是非常容易变现的，对企业应付临时性的资金需求有重要意义。

（3）周转时间短。营运资金可以在短时间内完成周转，例如短期筹资、短期债券等。根据这一特点，企业可以通过短期资金的筹集来解决问题。

（4）来源多样。营运资金的来源多样，可以进行长期和短期筹资。例如，短期筹资的途径包括银行短期借款、短期融资、商业信用、票据贴现等多种方式。

从本质上来说，营运资金是企业日常经营活动所占用和使用的资金，即企业的流动资产占用的资金，尤其对应收账款管理、存货管理、现金管理会产生重要的作用，企业必须重视。

1.5.3　如何保障企业不用光现金

为了避免企业用光现金，要从以下几个角度加强管理。

1. 加强企业现金的管理

首先，要对现金进行统一管理，尤其对于有分公司的企业，更要建立统一调配使用资金的体系。

（1）各部门熟悉备用金制度。

（2）分公司实行严格的预算管理。预算经过总公司审核，每一笔现金支出必须严格按照预算进行。

（3）加强对往来款项和存货的管理，加速资金的周转。

（4）对分公司开立银行账户严格管理，实行"收支两条线"。所谓收支两条线，是指收入一条线，支出一条线，两条线要分开。公司各部门、各单位凡是有现金收入的，必须纳入公司财务部门，任何单位不得截留现金收入；公司各部门、各单位凡是有现金支出的，必须按照预算规定的项目、金额、时间，由财务部门划拨支出。

总公司一定要保证分公司的所有收入都进入总公司制定的账户，决不允许私设账外小金库。一旦发现这样的问题，一定要立刻处理。

同时，还要建立"以收定支"和"最低限额资金占用"的原则，即保证要根据预算安排资金规划，支出户的平均资金占用应压缩到最低限度。

2. 加强应收账款的管理

应收账款的管理，包括以下几个方面。

（1）加强应收账款、应付账款的管理。

（2）加强其他应收款和其他应付款的管理。

（3）加强预收账款、预付账款的管理。

（4）建立严格的企业收款责任制，加快现金的回流，减少和控制坏账的比例。

3. 适当利用企业的信用和融资渠道

为了避免随时可能出现的现金不充裕现象，企业应合理利用自身信用价值，通过包括办理银行承兑汇票等方式，减少采购活动中的现金支付比例，保证企业现金的流转。同时，企业还应该利用短期融资和中长期融资等方式，调节企业可支配的现金流量。不是所有企业都如老干妈一样完全不需要融资，事实上融资不仅可以缓解现金压力，还可以进一步提升企业信用值。如果企业能够始终按时足额偿还贷款，就能不断提升信用价值，贷款通过率和额度会大大提升。

近年来，针对企业的金融服务变得更易获取，"金融普惠"政策正在不断普及，银行开始逐渐降低对中小企业的金融服务门槛，所以通过信用进行融资，可以大大弥补日常经营用现金的不足。

此外，利用银行不同期限的存款进行资金运作，将会大大增强现金活力。例如，针对企业用户，部分银行已经开通7天通知存款业务，这是银行为吸收企业存款而推出的灵活便利的方式。7天通知存款业务开户和使用都非常方便，一次性存入大额款项后，针对分批动用的资金，只需提前7天电话通知银行，就可将该笔资金从通知存款账户转入活期账户，原有部分依旧按通知存款利率计息。这样一来，既可以快速使用现金，又能够保证其他现金依然享受收益。

所以，结合7天通知存款业务、3个月定期业务、1个月短期业务等，就可以保证企业在几乎无风险的情况下，实现现金的健康流转。

1.5.4　如何控制营运资金

做好营运资金的控制，才能保证现金流正常运转。我们可以从以下几个角度入手。

1. 应收账款的管理

对于应收账款的管理，重点应放在事前管理上，扭转事后管理的思维。因为应收账款一旦发生问题，尤其是发生拖欠情况，那么无论用什么方式进行追逃，都会造成不必要的人力、物力浪费。尤其对于赊销决策的制定，更应完善。是否提供赊销、赊销对象、赊销额度和赊销期限，针对这些，企业高层和财务人员应当认真讨论分析，形成共识后再做出决策。

（1）是否提供赊销。首先，应确定是否提供赊销。如果决定不提供赊销，那么就不会产生关于应收账款的相关问题。现实中有很多企业坚决不提供赊销，严格地按照预收账款制度提供产品，例如老干妈、娃哈哈集团，所以它们的营运资金是很健康的。

当然，完全不提供赊销，对于多数企业而言并不现实。是否提供赊销，要从以下几个角度考虑。

①企业产品的性质。分析自己企业的产品性质，确定是否可以提供赊销。如果是具有一定知名度的最终产品，企业可以不赊销；如果产品是整个供应链上的配套产品，例如手机产品配件生产企业、汽车零件生产企业，都需要与其他企业进行深度合作，企业就很难实现不赊销。

②企业的产品定位。如果企业的最终产品具有较高的知名度，市场口碑非常好，例如苹果，就可以采用不赊销的政策；但是，如果是生产没有特殊性的一般产品，企业很难实现不赊销。

③具体的实际情况。即便产品属于高知名度的终端产品，且定位属于高端产品，但根据实际发展情况，也会存在赊销的必要。这需要根据实际的经营情况权衡利弊，考虑赊销增加的收入与应收账款增加的成本孰高孰低。例如，企业正处于全力开拓市场的阶段，正在海外某市场与其他品牌展开激烈竞争，这个时候就可以适当考虑赊销。

（2）赊销对象。对于赊销，企业不能因为时间紧、需求迫切就轻易做出决定，而是应当确定客户要求赊销所具备的条件。企业财务部门必须对客户展开详细的调查，包括客户的信用情况、资金情况、业绩情况和经营情况。如果客户能够达到企业的标准，经企业高层同意后才能提供赊销。

（3）赊销额度。赊销必然会占用企业的资金，给企业现金流带来明显影响，所以，企业必须考虑赊销的最大限额。财务部门必须分析企业的最大承受能力，确定现金流是否还具备应急资金，对总赊销额度以及每个客户的赊销最高限额要绝对明确，不能有模糊、不清晰的现象。

（4）赊销期限。所谓赊销期限，即为账期。为了保证营运资金不受影响，加快现金流的周转速度，必须确定合适的赊销期限。为了鼓励客户及时还款，缩短还款期，可以适当给客户提供折扣等优惠，例如提前十天结款将会享受一定折扣等，尽可能压缩赊销期限。

2. 信用政策

信用政策，包括信用标准、信用条件、收款政策三个方面。信用政策是企业高层管理者做出的信用决策的执行政策，是在企业给客户提供赊销时所应该遵循的原则、标准、条件、程序和对策。

（1）信用标准。信用标准是企业对客户的信用要求所规定的标准，也是客户要求赊销应该具备的条件。对于客户的信用标准，可以从以下五个角度进行考量。

①品德。品德即客户的信誉，表现在客户在与其他企业做买卖时是否讲信用，是否能够按期偿还借款。

②能力。能力即客户是否具备偿债能力，这需要企业了解客户的财务数据，最终做出判断。即使客户非常讲信誉，但如果经营能力不足存在无法偿债的现象，那么就说明客户的信用等级不高。

③资本。资本就是资本金，决定了客户可以获得多少赊销额度。例如，客户的资本金只有 100 万元，却赊销给其 2 000 万元的产品，这显然是不理智的行为。对于客户的资本调查一定要谨慎，否则很有可能出现客户为了套取赊销额度，恶意借钱注册公司，随后将资金抽逃的现象。

④抵押品。如果客户的品德、能力、资本都有一定欠缺，但具有非常好的合作诚意，那么可以考虑其是否具备等额或大于赊销额度的抵押品。一旦客户无法偿还账款，企业至少可以把抵押品变现，避免产生过大的损失。

⑤条件。条件指的是经济环境条件，包括国家的宏观政策和国际形势等。例如客户与国外某企业合作，但该国存在严重的经济危机，该客户同样受到了巨大的冲击，那么就应下调其信用等级。

（2）信用条件。信用条件是指企业对客户规定的付款条件，它包括信用期间和现金折扣两个部分。所谓信用期间，是指企业给客户提供赊销所规定的最长付款时间。而现金折扣，则指企业为促使客户及时付款而给予的价格优惠。

例如，现金折扣的标准通常是 2/10、1/30、$n/60$，意思分别是：10 天内还款，给客户 2% 的优惠；10 天到 30 天内还款，给客户 1% 的优惠；60 天以内必须还款。其中，10 天和 30 天是折扣期间，60 天是信用期间，2 和 1 是折扣率。这样的折扣优惠对客户来说很有诱惑力，因此，有些客户会及时还款以享受优惠。

（3）收款政策。所谓收款政策，是企业为催收过期的应收账款所遵循的原则、程序和对策。企业需要对客户进行统计和分类，对不同客户实施不同的对策。

为了保证赊销能够及时收回，必须严格遵循信用政策。

①严格审核赊销对象。要按照审批权限和信用标准对提出赊销的客户进行审查，经总经理或销售副总经理批准后，才能将其作为赊销对象。未经批准，任何人不得扩大赊销范围。

②控制赊销过程。控制赊销过程包括的内容：控制发货内容，严格按照审核批准的订货合同发货，控制发货数量和发货时间；做好赊销的信息工作，包括建立健全发货记录、运输记录、客户收货记录及各项原始记录和凭证；健全赊销过程内部签字制度。

③落实收款责任。严格落实应收账款责任制度，对赊销应收账款的回收，销售经理负全责，销售人员对所负责的客户回款具体事项负责，销售部门和人员的薪酬与回款金额直接挂钩。

为了保证责任落实，企业可以对销售人员制定收款政策，销售人员必须负责收回账款的工作，而不是仅仅卖出产品。可以将销售人员的收入与回款金额挂钩，回款金额越高，销售人员收入越高，以此调动销售人员的工作积极性。

当然，应收账款工作不能只靠销售部门进行，而应形成企业内部完善的体系。有时候，企业的产品属性及售后服务等都会影响企业的回款，所以产品研发人员、客服人员，都应纳入收款环节。

第 2 章
企业现金流入与流出管理

　　现金流分为流入与流出两个部分。如果只关注流出不关注流入，那么企业的资金自然会越来越少，无法维持企业的正常生产，久而久之面临倒闭的风险；如果只关注流入不关注流出，那么资金沉淀情况就会越来越严重，资金没有有效使用来产生利润，不符合企业的发展目标。所以，只有做好二者的统一，企业才能健康发展。

2.1 企业现金流入管理

源源不断的现金流入，能够保证企业现金流处于健康状态。所以，要做好现金流入管理，让流入现金发挥应有的作用。

2.1.1 最佳资本结构的确定

所谓资本结构，是指企业各种资金的构成和比例关系。对于现金流入而言，应确定最佳的结构才能在保证现金流健康的同时，又不会给企业的经营带来风险。

综合资本成本计算，是常见的最佳资本结构确定方式，它的计算公式如下：

综合资本成本 = 长期借款资本结构 × 借款个别资本成本 + 长期债券资本结构 × 债券个别资本成本 + 普通股资本结构 × 股票个别资本成本 + 优先股资本结构 × 优先股个别资本成本

通过案例分析，我们能有一个更加直观的了解。某企业成立时需要 7 000 万元，有三种筹资方案确定资金流入，如表 2.1-1 所示。

表 2.1-1 某企业筹资方式　　　　　　　　单位：万元

筹资方式	方案一		方案二		方案三	
	筹资金额	资本成本	筹资金额	资本成本	筹资金额	资本成本
长期借款	500	4.5%	800	5.25%	500	4.5%
长期债券	1 000	6%	1 200	6%	2 000	6.75%
优先股	500	10%	500	10%	500	10%
普通股	5 000	15%	4 500	14%	4 000	13%
资本合计	7 000		7 000		7 000	

其他资料：表 2.1－1 中债务资本成本均为税后资本成本，所得税税率为 25%。

该企业要求，选择相对较优的筹资方案。

为此，我们可以进行以下计算。

方案一：

加权平均资本成本 = $500 \div 7\,000 \times 4.5\% + 1\,000 \div 7\,000 \times 6\% + 500 \div 7\,000 \times 10\% + 5\,000 \div 7\,000 \times 15\% = 12.61\%$

方案二：

加权平均资本成本 = 11.34%

方案三：

加权平均资本成本 = 10.39%

可以看到，方案三的加权平均资本成本最低，所以企业应当按照方案三的资本成本比例进行资金筹集，这就是最佳资本结构的确定过程。

这就是典型的综合资本成本比较法。通过计算各种基于市场价值的长期融资组合方案的综合资本成本，并根据计算结果选择综合资本成本最小的融资方案，我们就会找到最佳资本结构，在实际经营中应当灵活应用这种方法。

通过该案例可以看到，综合资本成本比较法的程序如下。

（1）拟定几个筹资方案。

（2）确定各方案的资本结构。

（3）计算各方案的加权平均资本成本。

（4）通过比较，选择加权平均资本成本最低的结构为最佳资本结构。

在进行最佳资本结构的确定时，我们还要注意初次利用债务筹资和追加筹资两种情况：第一种情况下为初始资本结构，第二种情况下为追加资本结构。多数情况下，我们都可以将综合资本成本比较法作为唯一标准，它具有简单实用的特点，可以帮助我们快速确认最佳资本结构。

需要注意的是：最佳资本结构并不是固定不变的，会根据企业的发展而产生变化，综合资本成本比较法必须定期进行重新测算。不能因为在上一期达到了最佳资本结构，就认为当期的资本结构也是最佳的。最佳资本结构是动态变化的，影响资本结构的诸多因素都是变量，即使资本总量不变，企业也不能以不变的资本结构应万变。例如，当企业开始进军新的市场时，资本的来源产生变化，那么资本结构的确定也应当进行相应调整。

2.1.2　资本市场筹资的现金流入管理

所谓资本市场筹资的现金流入，即是指向银行借款或获得股东增资收到的现金。对于资本市场筹资的现金流入管理，要了解它的分类和基本原则。

1. 资本市场筹资的类型

资本市场筹资类型如下。

（1）股权筹资。股权筹资是企业常见的资本市场筹资模式，通过股权及衍生工具筹资，以此获得现金流。

企业之所以主要通过股权进行筹资，是因为股权资本被企业依法长期拥有，企业能够自主调配运用的资本，更具灵活性。通常在持续经营期内，股权资本投资者不得随意抽回股本。

几乎所有企业，都进行过股权筹资，通过出让股份的形式，为企业赢得现金流入。股权资本是企业从事生产经营活动和偿还债务的本钱，是代表企业基本资信状况的主要指标。经营能力越强的企业，往往能够以较小的股份代价，获得较大的现金流入。通常来说，企业会通过吸收直接投资、发行股票、内部积累等方式进行股权筹资。

（2）债务筹资。所谓债务筹资，是指企业通过借款、发行债券、融资租赁以及赊购商品或服务等方式筹集资金。

债务筹资通常期限较长，多数为一年以上。这种较长期限的负债融资，可以解决企业长期资金的不足，如满足发展长期性固定资产的需要，同时因为还债期限长所以风险较小。

需要注意的是，债务筹资虽然可以形成资本市场的现金流入，但它不能成为企业的稳定资本基础，否则会给企业带来过大的负债压力。债务筹资通常有固定的利息负担，因为是通过抵押、质押等担保方式取得的债务，所以在资本使用上会有一定的限制。

2. 资本市场筹资的现金流入管理原则

对于资本市场的筹资现金流入管理，要遵循以下原则。

（1）筹措合法。虽然企业的筹资行为和筹资活动是企业的自主行为，但过程必须遵循国家的相关法律法规，依法履行法律法规和投资合同约定的责任，否则就会涉及非法融资等问题。所以，一定要保证筹措合法，严格按照法律法规的规定进行筹资活动。

（2）规模适当。发起资本筹资前，一定要合理预测、确定资金需要量，筹资规模与资金需要量应当匹配一致。规模过大的筹资，会给企业带来严重的债务风险，一旦出现盈利无法偿还债务的情况，企业会遭到债权方的起诉。同时，不符合资金需要量的资本筹资，往往会给内部带来"企业资金储备丰富"的假象，很容易诱发贪污腐败事件。

3. 筹措及时，结构合理

企业在资本市场进行筹资，最佳时机不是在缺钱时，而是应当提前分析企业发展趋势，预测出最需要资金的时间，提前为筹资做准备，使筹资与用资在时间上相衔接。否则，在资金紧张时才想起筹集资金，一方面会出现筹资无法解决当前问题的情况，另一方面也会削弱谈判的话语权，以较高的代价获得较低的资本流入。

同时，企业不能只依赖资本市场的筹资获取现金流入，而应当综合考虑股权资金与债务资金的关系、长期资金与短期资金的关系，拓宽其他现金流入渠道，保证资本结构的合理性。

2.1.3 银行融资的现金流入管理

银行融资也是常见的现金流入渠道。对于银行融资，应遵循以下两个原则。

1. 规范银行融资的流程

银行融资有一套非常严格的标准和流程，很多企业未能获得银行批准，很多时候并不是因为资质不够，而是未能按照规定提交资料，导致在申请的过程中被银行反复驳回。所以，我们要了解银行融资的流程，提升融资效率。银行融资流程如图2.1-1所示。

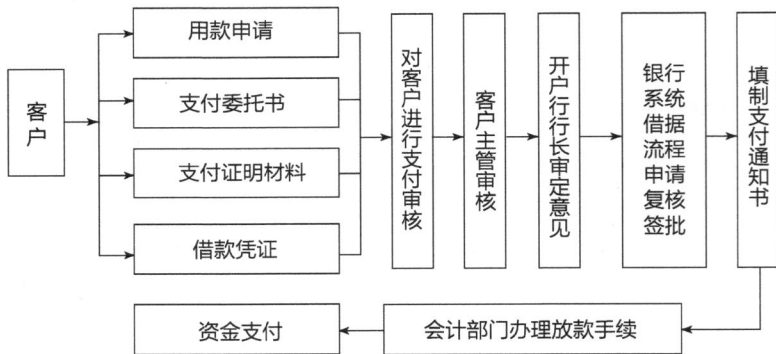

图2.1-1　银行融资流程

2. 银行融资的关键：提升企业信用值

相对于较为灵活的资本市场筹资，银行融资对企业的要求非常高。这其中的关键一点，就是企业的信用值。信用贷款是多数企业进行银行融资的主要方式。

所谓信用贷款，是指以借款人的信誉发放的贷款，借款人不需要提供担保。信用贷款的特点是：债务人无须提供抵押品或第三方担保，仅凭自己的信誉就能取得贷款。尤其是中小企业，在没有抵押品和第三方担保的情况下，就更需要提升企业信用，赢得银行信任。

多数银行，会对企业进行 AAA 级、AA + 级、AA 级、AA – 级、A + 级、A 级、A – 级、BBB + 级、BBB 级、BBB – 级、BB 级、B 级的信用等级分类。级别越高，信用值越高，获得信用贷款的可能性就越大、额度就越高。

那么，银行是如何判断一家企业的信用等级的？

（1）从定量入手。所谓定量，即为企业的现金流。以下几个关键词，构成了定量的主要内容。

①销售收入。

②EBITDA ÷ 总债务 = （利润总额 + 财务费用 + 折旧 + 摊销）÷（短期借款 + 一年内到期的长期负债 + 长期借款 + 应付债券 + 应付票据）。

③全部资本化比率 = 总债务 ÷（总债务 + 净资产）。

④流动比率 = 流动资产 ÷ 流动负债。

⑤速动比率 = （流动资产 – 存货）÷ 流动负债。

⑥资产负债率 = 负债总额 ÷ 资产总额。

（2）从定性入手。定性，是指企业的具体运营现状，主要包括以下几个维度。

①管理水平。重点分析企业的内部管理是否科学、合理，尤其对应收账款管理、生产管理水平等方面会着重考察。

②竞争能力。银行进行企业所在行业的调查，分析企业的市场地位、技术、产品竞争力等方面是否具备足够优势。

③经营状况。从多个维度判断企业是否具备可持续性发展的条件，包括成本控制、盈利前景、经营发展战略等，是否有较为完善的架构。

④信誉状况。调查企业的信誉，包括信用记录、与其他企业是否存在纠纷、还款意愿、对外担保情况等。

如果企业在这些部分都有较好的成绩，那么就可以获得银行的信任，从而实现融资计划。相对于资本市场筹资，银行融资是更保险的融资方式，它的第一个优点就是资金供应量大，同时操作灵活，可以根据企业需要进行长、短期贷款搭配。

更重要的是，银行的自身特点决定了它的手续透明、筹集费用低、相对于各种问题频发的民间融资等更具安全性。所以，企业在日常经营中，要注意对于信用的维护，银行信用可以积少成多，续短为长，一旦获得银行较高的信用评级，就可以持续性获得银行期限长短不一的贷款，满足企业的发展。

2.1.4　资本金投入、投资收益的现金流入管理

除了资本市场筹资、银行融资外，资本金投入、投资收益等，也会形成现金流。那么，该如何做好这两个方面的管理呢？

1. 资本金投入的管理

资本金投入，可以为企业增加注册资金，给企业带来现金流。

由于对资本金有明确的法律规定，所以，应在符合法律规定的基础上对其进行筹集和管理，再进行经营使用。

（1）资本金的筹集。

①公司以联营合资方式筹集资本金，可以吸收投资者依法投资的任何资产，但不得吸收投资者已设立的担保物权及租赁资产。吸收无形资产时，其投资额不得大于公司注册资本的20%，特殊情况经有关部门审查批准，最高不得大于30%，投资时以评估确认价或合同、协议约定的价值计价。

②公司筹集的资本金，必须聘请中国注册会计师验资并出具验资报告，由公司据此发给投资者出资证明。

（2）资本金的管理。

对于资本金的管理，要做到以下几点。

①首先，公司筹集的资本，除依法经过规定程序和合法手续进行资本转让外，不得以任何方式抽回，否则将会违反法律，相关当事人要承担相应的责任。

②其次，资本金由财务部门进行管理，公司应设置"实收资本"科目，并按资本金的构成分别设置明细科目，详细记录资本金的流转变化，包括增加、减少和结余。如果出现变化，必须详细说明。

③最后，当公司再次增加资本时，必须向工商行政管理部门办理注册资本变更登记手续。

2. 投资收益的管理

对于投资收益，可以按以下公式计算：

投资收益＝长期股权投资贷方发生额＋长期债权投资贷方发生额＋短期投资贷方发生额

分得股利或利润所收到的现金＝投资收益（股权投资）贷方发生额

取得债权利息收入所收到的现金＝投资收益（债权投资）贷方发生额

收到与投资活动有关的现金＝应收股利贷方＋应收利息贷方

以上积累，都形成了投资收益的现金流入。当这些收入进入企业账户后，要做好管理并合理使用。

由于企业的投资并不会只涉及某一个单项，所以应当建立完善的投资收益明细表，让投资收益的现金流入情况清晰直观展现，给财务部门提供翔实数据。投资收益明细表如表2.1-2所示。

表2.1-2　投资收益明细表（年表）

编制单位：××企业　　　　　　　　　年　月　日　　　　　　　　　单位：元

项目		上年实际	本年实际
投资收入	1. 债券投资收入		
	2. 股票投资收入		
	3. 其他投资收入		
	投资收入合计		

续表

项目		上年实际	本年实际
投资损失	1. 债券投资损失		
	2. 股票投资损失		
	3. 其他投资损失		
	投资损失合计		

2.1.5 信用管理对现金流入的影响

所谓信用管理，是指为获得他人提供的信用或授予他人信用而进行的管理活动。对于企业而言，信用管理指对企业的授信活动和授信决策进行的科学管理。信用，将会直接影响现金流入，无论金融机构还是银行，都会将信用作为主要的考核内容，以其为标准确定是否为企业融资放贷、确定额度的大小。所以，企业必须让信用值处于一个较高的水准，这样才能保证获得现金流入的机会。

那么，企业该如何做好信用管理呢？

1. 完善信用管理部门建设，落实权责

多数企业都懂信用管理的意义，但事实上，目前国内真正建立了信用管理部门的企业却甚少，很难有企业如阿里巴巴、华为、京东一样投入资金建设信用管理部门，在中小企业中更不常见。个别企业虽然采取了一些简单的信用控制措施，如对长期拖欠货款的客户不予发货、对销售人员的考核不仅要看合同金额更要看收到的款项等，但其实施往往仅靠一个部门进行，根本做不到有效管理，空有部门却难以发挥作用。

所以，企业要做的第一件事，就是建设完善的信用管理部门，重点负责信用管理工作，形成事前预防、过程管理和事后管理三位一体的管理模式。

（1）事前预防。事前预防，是指对每一笔资金进行风险分析，确定是否存在隐患。

（2）过程管理。过程管理，是指要将信用管理落实到某一个部门的某一个员工身上，保证其跟进每一个项目，如债务偿还的推进等。

（3）事后管理。事后管理是对事前预防和过程管理的补充。如果出现信用管理不当的情况，要有应急响应机制，在很短的时间内处理好问题。如果做好事前预防和过程管理，很少启动事后管理，这就意味着信用管理的流程较为成熟。

2. 规范经营管理，积极进行转型

传统的"家族制"企业中，对于信用管理的缺失是非常严重的。由于管理层多数都为家族内人士，内部管理条例不能得到良好的贯彻，自然导致信用管理落后。所以，企业应当及时进行转型，走集群化发展道路，实现规模经济，适当降低家族对企业的影响，积极融入市场经济之中，充分利用现有资本市场，通过资本运作，运用参股、转股、兼并、联合、收购等手段，促进中小企业与优势企业、大型企业的合作，这样会让更先进的管理模式进入企业，从而建立更加完善的信用管理体系。

3. 加强自身的财务管理

企业之所以在信用管理上充满漏洞，导致银行、金融机构驳回融资申请，关键一点在于对自身的财务管理不到位，忽视了应当注意的信用管理。所以，加强自身的财务管理是提升信用的关键。企业要依法建账，按照国家统一的财务制度建立内部财务管理办法。对于业务往来，要委派专人进行财务管理和分析，认真审查收货单位或销货单位的偿付能力和信用程度，避免和减少企业间相互拖欠货款的情况。每年度还要编制年度财务预算，完善地展现企业财务状况，这样才有利于提前发现问题，做好事前预备。

唯有做好信用管理，才能获得较高的评分等级，获得融资贷款的机会。信用管理并非一蹴而就的事情，是企业在长期经营中形成的体系。所以，企业对任何一笔贷款、任何一个项目都要做好信用管理，不断积累信用值，这样才能拓宽现金流入的渠道。

2.2　企业现金流出管理

现金流出，更加关系到现金流的健康和安全。企业必须做好现金流出管理，做到每一笔账清晰明了，可追溯至相关负责人，这样才能保证现金流处于可控的状态。

2.2.1　银行结算体系与结算工具的选择与管理

企业的现金流出，必须通过企业账户进行，借助银行体系完成支付，这样才符合规定，且有利于财务人员进行科学统计。那么，该如何选择和管理银行结算体系与结算工具呢？

1. 结算体系与结算工具的类型

目前，各大银行为企业提供的结算体系和工具包括银行汇票、银行承兑汇票、商业承兑汇票、银行本票、支票、信用卡、汇兑、委托收款、托收承付、国内信用证，其中支票、银行汇票、汇兑、委托收款是较为常见的方式。近年来，随着互联网的发展，越来越多的企业也通过网上支付的方式开展业务，大大提升了效率，这是今后企业将会采用的主要方式。银行的结算手段更加现代化、电子化，所以采用电子结算体系是企业的最佳选择，既能够提升结算的效率，也可以让现金流出直接形成电子表格，并具备可追溯的特点。

"三票一卡"，是目前我国企业主要采用的结算体系。企业应加强"三票一卡"的管理，保证支出的合法合规。

2. 支票

支票，即出票人签发的、委托办理支票存款业务的银行在见票时无条件支付确定的金额给收款人或者持票人的票据。

一份完整的支票，将会包括以下信息。

（1）出票人：即存款人，是在批准办理支票业务的银行机构开立可以使用支票的存款账户的单位和个人。

（2）付款人：出票人的开户银行。

（3）持票人：票面上填明的收款人，也可以是经背书转让的被背书人。

（4）出票日期及出票地点（未载明出票地点者，出票人名字旁的地点视为出票地）。

（5）出票人名称及其签字。

（6）付款银行名称及地址（未载明付款地点者，付款银行所在地视为付款地点）。

（7）付款金额。

支票分为现金支票、转账支票、普通支票，它们有不同的特点和适用范围，如表2.2-1所示。

表2.2-1　支票的分类

种类	特点	适用范围	备注
现金支票	印有"现金"字样	只能用于支取现金	
转账支票	印有"转账"字样	只能用于转账	
普通支票	未印有"现金""转账"字样	既可用于支取现金，也可以用于转账	左上角划两条平行线的，为划线支票，划线支票只能用于转账，不能用于支取现金

在使用支票进行支付时，要按照以下流程进行，如图2.2-1所示。

使用支票产生现金流出时，要做好以下几项管理。

（1）支票一律记名，支票可以背书转让，但用于支取现金的支票不得背书转让。

支票流转程序

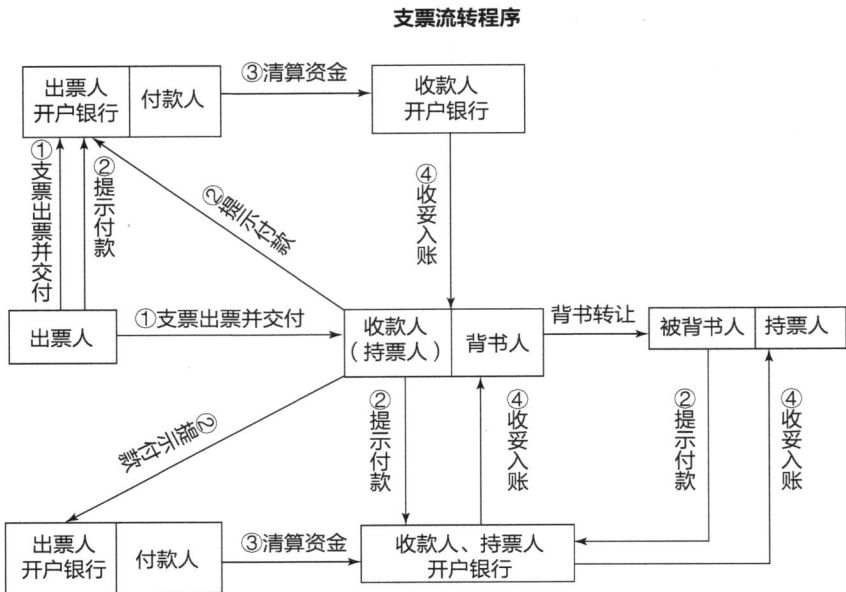

图 2.2-1 支票的使用流程

（2）支票提示付款期为 10 天（从签发支票的当日起，到期日遇节假日顺延）。

（3）支票签发的日期、大小写金额和收款人名称不得更改，如其他内容有误，可以划线更正，并加盖预留银行印鉴之一证明。

（4）支票的金额、收款人名称，可以由出票人授权补记，未补记前不得背书转让和提示付款。

（5）支票发生遗失，可以向付款银行申请挂失；挂失前已经支付的，银行不予受理。

3. 银行汇票

银行汇票，是指汇票是出票银行签发的，由其在见票时按照实际结算金额无条件支付给收款人或者持票人的票据。

银行汇票，包括以下内容。

（1）出票人：这里指签发行。根据我国现行做法，只有参加"全国联行往来"的银行才能签发银行汇票，即充当出票人。

（2）收款人：可以是付款人，也可以是其他人。

（3）付款人：银行汇票的出票银行为银行汇票的付款人。付款人不是汇票上的当事人，而是与出票人有关系的人。付款人可以是单位、个体经济户和个人。付款人与签发行的关系是委托与被委托关系。

（4）收款人姓名或单位。

（5）付款人姓名或单位。

（6）签发日期（发票日）。

（7）汇款金额、实际结算金额、多余金额。

（8）汇款用途。

（9）兑付地、兑付行、行号。

（10）付款日期。

银行汇票的使用流程如图 2.2-2 所示。

银行汇票流转程序

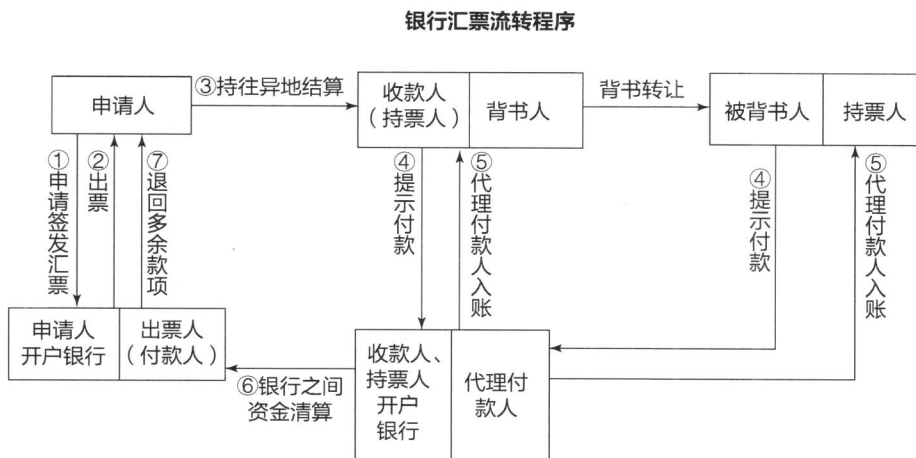

图 2.2-2　银行汇票的使用流程

使用银行汇票，要注意以下内容。

（1）持票人向银行提示付款时，必须同时提交银行汇票和解讫通知，缺少任何一联，银行不予受理。

（2）银行汇票一律记名。所谓记名是指在汇票中指定某一特定人为收款人，其他任何人都无权领款；但如果指定收款人以背书方式将领款权转让给其指定的收款人，其指定的收款人有领款权。

4. 商业汇票

所谓商业汇票，是指出票人签发的，委托付款人在指定日期无条件支付确定的金额给收款人或者持票人的票据。

商业汇票包括以下内容。

（1）表明"商业承兑汇票"或"银行承兑汇票"的字样。

（2）无条件支付的委托。

（3）确定的金额。

（4）付款人名称。

（5）收款人名称。

（6）出票日期。

（7）出票人签章。

以上内容，如果缺少任何一个，商业汇票就是无效的。

通常，商业汇票的提示付款期限为自汇票到期日起 10 日。对异地委托收款的，持票人可匡算邮程，提前通过开户银行委托收款。持票人超过提示付款期限提示付款的，持票人开户银行不予受理，但在做出说明后，承兑人或者付款人仍应当继续对持票人承担付款责任。商业汇票的付款期限，最长不得超过 6 个月。

5. 信用卡

信用卡，是指经批准由商业银行（含邮政金融机构）向社会发行的具有消费信用、转账结算、存储现金等全部或部分功能的信用支付工具。相对于其他支付方式，信用卡支付更加方便快捷，属于电子支付的范畴，不受地域的限制，所以这是当前非常受企业欢迎的结算方式。

2.2.2 电子银行系统

随着互联网的普及，尤其是各大银行对线上转账业务的不断优化，电子银行系统已经越来越受到企业的欢迎。相对于"三票一卡"结算方式，电子银行系统提供了更加丰富和快捷的支付方式，包括网上银行、手机银行、电话银行等，同时突破时间和空间的限制，不必到银行网点办理业务，可以节省大量的人工、交通费用。在时效性方面，转账、汇款和收款都可以实现实时到账。所以，电子银行系统未来会成为主流，复杂、不易保存的票据汇款模式会被逐渐淘汰。

1. 开通企业电子银行业务

想要使用更加快捷、安全的电子银行，首先企业要开通电子银行业务。各个银行的电子银行业务的开通方式略有不同，在此以农业银行为例。企业应向农业银行提供以下资料。

（1）《企业网上银行业务申请表》，不得涂改申请表内容，加盖待注册账户预留印鉴，并由企业法定代表人、负责人或者授权代理人签章。

（2）法定代表人有效身份证件的原件及复印件。

（3）经办人有效身份证件的原件及复印件。

（4）《法人授权委托书》，由企业法定代表人、负责人或授权代理人签章，并加盖预留印鉴。法定代表人本人办理时，不需要提供《法人授权委托书》。

（5）《组织机构代码证》或《三证合一营业执照》原件及复印件。

（6）《电子银行企业客户服务协议》（一式两联）。该协议银行方由注册行负责人签章，并加盖业务办讫章；客户方由法定代表人、负责人或授权代理人签章，并加盖预留印鉴。

（7）操作人员有效身份证件的原件及复印件。

2. 电子银行提供的服务与注意事项

当企业开通电子银行后，就可以享受相关服务。图 2.2-3 所示是农业银行为企业用户提供的基础服务，其他银行也有类似的功能。这些功能可以通过计算机、手机、电话银行等快速完成。

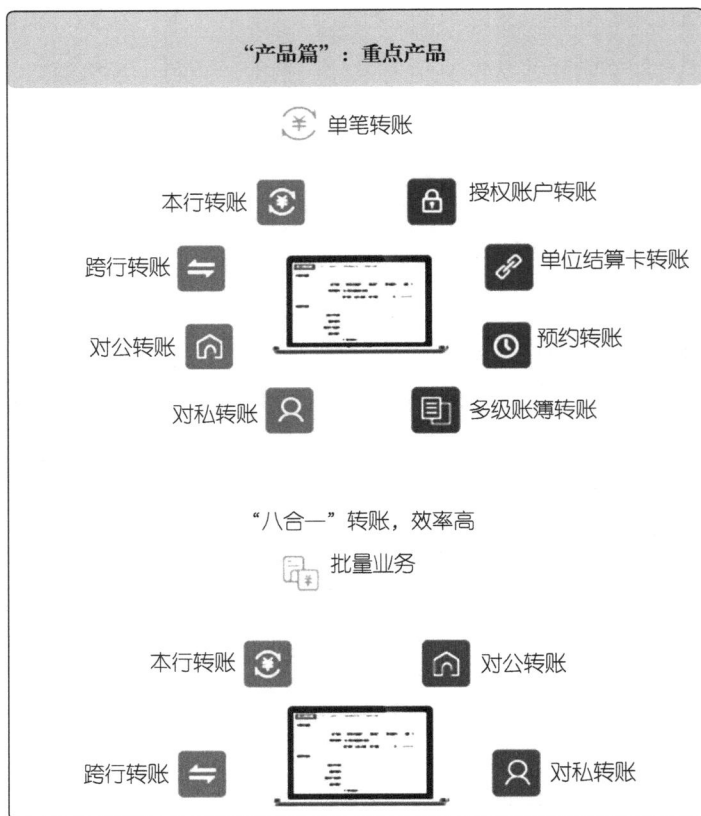

图 2.2-3 农业银行提供的企业服务

通过电子银行进行现金流出非常方便，但是由于涉及的金额较高、安全要求较高，所以在使用时，要注意以下事项。

（1）企业必须按规定使用银行结算账户，负责银行结算账户的安全。不得出租、出借银行结算账户，不得利用银行结算账户套取银行信用，更不得利用银行结算账户谋取利益。

（2）注意转账时间。对于企业用户，如果涉及大额跨行转账，要在工作日的 16：30 之前汇出，17：00 以后人民银行大额支付系统关闭，很有可能造成汇款失败。所以，一定要确定与客户签订的汇款截止日期，在日期前完成汇款，避免时间过晚导致汇款失败造成违约。

（3）企业应加强对预留银行签章的管理。企业遗失预留公章或财务专用章时，应向开户银行出具书面申请、开户登记证、营业执照等相关证明文件；更换预留公章或财务专用章时，应向开户银行出具书面申请、原预留签章的式样等相关证明文件。

2.2.3 日常各种现金流出的管理

日常现金流出，包括各种业务支出、营业性零星支出（如发放工资等）、非经营性往来支出（如职工生活借款等）。对于这些现金流出，必须建立严格的管理体系，财务人员负责整个流程的监管，严格按照支出原则和有关的规章制度审核付款凭证，按程序办理付款手续，保证现金流出的安全和规范。

1. 现金流出的基本原则

现金流出一旦不符合规定，很容易导致现金管理混乱，给企业带来损失。所以，现金流出必须遵循以下原则。

（1）保证现金支出的合法性。财务人员在付款前，必须确定手续完备，保证相关单据上已经有领导签字，确认内容真实、准确、合法。

（2）手续的完备。财务人员应当确认申请人已经按照规定完成了所有的手续，保证审批手续齐全有效、支付事项当面结清、账务处理正确合理。

（3）支付现金后，财务人员必须将原始凭证归档，及时编制付款凭证，并登记现金日记账。付款凭证如表2.2-2所示。

表2.2-2　付款凭证

年　月　日

收款人姓名	付款内容及原因	金额
金额总计：		
金额（大写）：		

项目负责人：　　　　　财务：　　　　　　总经理：

（4）企业的所有支出，都应该通过银行账户进行，杜绝套取现金支付。套取现金，是指为了逃避开户银行对现金的管理，采用不正当的手段弄虚作假、支出现金的违法行为。

通常来说，以下几类形式是套取现金的主要方式，财务人员必须特别注意。

（1）将公款转存个人储蓄。

（2）用转账凭证换取现金。

（3）编造合理用途（如以差旅费、备用金的名义）超限额支取现金的行为。

（4）虚报冒领工资、奖金和津贴补助。

（5）利用私人或其他单位的账户支取现金。

（6）用转账方式通过银行或邮局汇兑、异地支取现金。

2. 适当减缓现金流出的速度

让资金尽可能长时间地在自己的企业账户内，会大大提升企业自身的现金流。所以，要学会适当减缓现金流出速度的技巧。

（1）在不影响自己信誉的前提下，企业应多利用自身的信用价值，通过信用争取付款优惠，尽可能地推迟应付款的支付期。

（2）使用零余额账户。企业不仅要在银行注册一个主账户，还要注册多个系列子账户。主账户通常保持一定的安全储备，而一系列子账户不需要保持安全储备。如果某个子账户签发的支票需要现金，那么资金从主账户划拨过来就会存在一定的时间差，让支付的速度减缓，以便使更多资金可以用在其他更需要的地方。

3. 建立严格的现金清查制度

企业应建立严格的现金清查制度，并要求财务人员严格执行，责任到人。财务人员每天盘点现金实有数，与现金日记账的账面余额核对，保证账实相符。同时，高层财务主管要定期或不定期进行现金清查盘点，要求每一笔支出都有详细的说明，防止差错以及挪用、贪污、盗窃等不法行为的发生。如果发现问题，必须立刻要求所有当事人说明情况，并及时上报，对相关责任人进行处理。

2.2.4 关注付款优先次序

不少企业在进行现金流出时往往没有优先次序的排列，仅仅按照时间顺序进行付款，结果发现一些不要紧的项目将有限的现金流额度占用，一些重要的付款项目反而无法顺利完成，直接影响了企业的信用等级。所以，企业必须关注付款的优先次序。

付款的优先次序，取决于项目对营业产生的影响。通常来说，优先次序应按照采购货款—人员工资—管理费用—销售费用的次序进行，它们依次对企业的正常生产产生作用。只有首先保证企业的生产工作可以有序进行，企业才能进行销售、市场推广等工作，确保企业的现金流得以正常运转。

如果企业存在贷款、融资利息方面的支出，例如税金、银行利息，那么要将此优先支付。如果企业拖欠这些资金，就会产生不良信用记录，会对企业未来的资本运作产生极大的影响。

2.2.5　现金管理的内部控制及程序

企业对现金进行管理，一方面需要严格遵守国家有关现金管理制度的规定，另一方面则需要从内部入手，建立严格的内部控制体系，避免现金收支差错及偷盗、贪污挪用等行为发生。

1. 现金管理内部控制的意义

之所以需要建立现金管理的内部控制体系，是为了让企业内部形成一套规范的经营管理理念，尤其将重要的现金流放在核心位置，制定一系列相互联系、相互制约、相互监督的制度、措施和方法。现实中，企业各部门之间的关系交错、复杂，进行现金管理的目的，就是让现金在流动性和收益性之间进行平衡，让企业各部门的意见得到统一，既要使现金流可以保证经营活动的正常发展，又要降低持有现金过多而带来的机会成本。

如果不进行现金管理内部控制，会出现怎样的问题？以一个案例说明。

某企业主要经营水果套袋（以下简称"果袋"），涉及生产和收购。截至2018年3月财务报告显示：投资者共投入827万元资金，其中固定资产投资394.41万元，用于生产、经营的资金404.17万元，发生经营亏损（含潜在亏损）365.15万元。

数据显示：该企业的果袋总产量为5 665.032万个，果袋总销售量为1 596.071 5万个，果袋报损237.54万个，果袋应收款83.34万元，收回38.37万元，未收回44.97万元，共收购果袋1 073吨，果袋短缺损耗122吨，经营果袋亏损151.72万元，垫付收购资金无法收回23.37万元，产品销售费用65.67万元，管理费用62.24万元，协助绿金果业收购橘子亏损6.41万元。

这家企业原本是当地的明星企业，可是为何短短几年却出现严重亏损？

表面上的原因，是领导层决策失误，急功近利，盲目扩大生产线，导致资金周转不灵。2016年该企业在资金链较为紧张时盲目购入13条生产线，生产任务锁定在 1 亿个，结果生产果袋 5 665 万个，积压在库达 4 000 多万个，直接导致了企业现金流的紧张。

同时，为了推广产品，该企业高层向业务员制定了完全无法实现的销售任务，为了达成目的，业务员积极放宽信用政策，采取赊销、部分收取货款的办法。业务员这样做仅仅是为了完成任务，结果渠道商为此提出了各种不合理的要求，导致业务员谎报、瞒报销售量的情况非常严重。

更深层次的原因，则是内部现金管理漏洞百出。为了达成目标，业务员的赊销、部分收取货款方式已经让企业无法正常收回资金；瞒报、谎报销售业绩，更加导致所谓的利润都只是虚假的数据。

同时，企业对现金管理的约束非常松散。农民购买果袋支付现金是交给业务员的，但业务员没有主动将货款转回企业；但企业已经收到订单就将产品发出，结果这种恶性循环越来越严重，看似企业订单量颇高，但实际上收回的现金非常有限。

类似事情在很多企业身上都有所体现。没有建立严格的先进内部现金管控体系，导致企业现金管理一片混乱，最终让企业走上了倒闭的路。

2. 现金管理内部控制的程序

为了避免现金管理一团混乱，企业必须建立完善的内部控制体系。企业应按照以下程序，规范现金管理。

（1）授权符合要求。明确每个部门、每个员工的现金授权范围，财务人员必须拒绝超过范围的支出。

（2）明确现金申请单的内容。在填写申请单时，注明款项用途、金额、用款单位及其时间等，经办人员必须在原始凭证上签章，经办部门负责人审核原始凭证并签字盖章。随后，财务部门主管或授权人员进行审核，确认凭证的完整性。签字盖章以后，才能进行现金收款或现金付款凭证的传递。

（3）确保收款正确及时。库管人员进行发货前，必须由财务人员再次进行审核，确认现金收款或现金付款已经完毕或符合协议说明，对现金收款或现金付款凭证以及所附原始凭证加盖"收讫"或"付讫"戳记，并签字盖章以示收付。库管人员没有收到财务人员的收付凭证附件，不得进行货物出仓。

（4）岗位分离控制。不相容的岗位，必须指定不同的人负责，不可一人身兼多个岗位，以此实现相互牵制、相互监督的作用。例如，现金收支与记账分离（即出纳不得登记日记账），现金收支与编制记账凭证分离（即出纳不得编制记账凭证）。企业应根据实际情况，结合成本和效益设置岗位，并进行相关岗位人员的委任与招聘。

（5）加强内部审计。企业应建立独立的内部审计小组，以月度、季度、年度为单位，对现金管理进行审计。内部审计是企业自我评价的一种活动，及时发现内部控制的漏洞和薄弱环节，要求相关负责人说明情况的同时，对现金管理体系提出优化建议。

第 3 章
企业应收账款管理

现金流入多少决定了企业是否拥有足够的现金流进行生产、投资等活动，而应收账款则是现金流入重要的组成部分。做不好应收账款的管理工作，企业必然会出现大量的账款延期支付现象，导致原本的生产计划无法顺利进行。甚至，企业还会产生大量坏账，原本看似获利的账目，却出现入不敷出的现象。

3.1 加强应收账款管理的必要性

应收账款是企业收入的重要组成部分，加强应收账款的管理，才能保证企业现金正向流入，确保营运资本的健康。

3.1.1 应收账款的冰山原理

冰山原理，即水面上呈现的冰山，仅仅是水面下巨大冰山的很小一部分。这个原理说明，任何一种现象的背后都存在巨大的漏洞和隐患，忽视水面上的冰山，水面下隐藏的冰山将会带来更大的危机。

应收账款同样如此。一些看起来容易被忽视的现象，事实上对整个企业的现金流将会产生巨大的影响。

1. 应收账款产生得比收入快

应收账款产生得比收入快，看起来似乎是一种积极的现象，企业形成了巨大的销量。但事实上这说明企业的信用条款比较宽松，越来越多的账款被作为应收账款，企业很容易同意合作企业的赊销条款，没有进行严格的审核。如果应收账款产生得比收入快，很有可能导致账款不一定能全部和及时收回的情况，隐含损失部分现金和不能及时收回账款而影响正常运作的风险。

2. 应收账款比例过高

应收账款比例过高，也会影响企业的经营性现金流，同样是企业的信用条款过分宽松的表现。应收账款比例过高，会影响企业当前和未来的净利润。应收账款比例过高，必然导致坏账率上升，净利润率减小。随着市场环境恶化，客户违约率上升，应收账款风险明显加大。

3. "坏账准备"科目设置得不科学

多数企业都会设置"坏账准备"科目，这本来是正确的营运资本管理模式下的事项。但是，很多企业并没有真正理解坏账的定义，将所有无法入账的东西都放在这个科目里。例如，被占用的上市公司资金应计入其他应收款，但一旦计入坏账，往往意味着将会形成难以收回的资产。

设置"坏账准备"科目的目的，是反映企业预期有多少账款会被赖账而产生的损失，一定程度上可以反映部分赊账回收情况。所以，坏账准备应当与应收账款形成关联，二者呈现共同增长或共同下降的趋势。若应收账款大幅增加而坏账准备没有相应提高，说明企业对应收账款的回收过于乐观；若坏账准备突然大幅度增加，要么是有意隐瞒利润，要么是应收账款回收出现大问题。

如果"坏账准备"科目的设置不符合科学，与企业的现状存在明显差异，那么其就是无意义的，不会对企业现金流改善起到积极的作用。

3.1.2 坏账对销售额的影响

所谓坏账，就是指企业确定不能收回的各种应收款项，它是应收账款核算的一个重要方面。出现坏账，意味着企业的某一个项目的收入无法收回，是企业非常不愿意看到的事情。大多数企业都难以逃脱坏账，坏账比例低会对企业产生较小的影响，坏账比例较高甚至会让一家企业直接倒闭。

尤其对于销售额，坏账的影响是非常直接的：应收账款收不回来，严重影响企业现金回收。这会直接导致资金链断裂，企业不得不采取其他高成本融资手段获得营运资金。如果融资失败，会给企业造成无法想象的后果。

坏账过多，导致无法收回应收账款，企业现金流无力；现金流无力，导致企业无法开展各类经营活动，研发能力下降，市场份额下降；为了挽回局面，企业进一步实行宽松的信用管理模式，结果导致坏账又一次增加，又无法收回应收账款。这样的恶性循环（见图3.1-1），导致销售额越来越低，企业退出市场恐怕只是时间的问题。

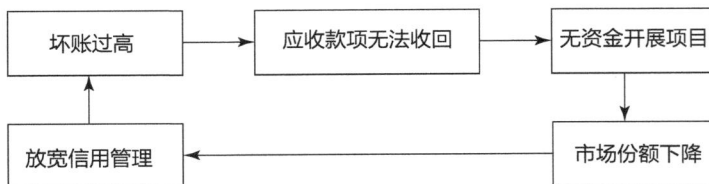

图 3.1-1　坏账引发的恶性循环

坏账过高，不仅会对企业的市场销售活动产生影响，也会让资本市场对企业的评级不断降低。银行会持续关注企业的坏账情况，因为这直接决定了企业是否具备偿还贷款的能力。企业的坏账过高，意味着银行的不良资产风险增加，需要拨备更多资金应对坏账。所以，银行一方面不仅会要求企业在短时间内偿还贷款，另一方面又会不断降低企业信用度，甚至直接关闭贷款的"大门"。

除去不可抗因素（如债务人自然死亡），多数企业较高的坏账，都是自身原因造成的。首先，为了抢占市场和客户，放弃原则盲目地采用赊销方式销售产品，对客户并没有进行完善的考察。客户越多，产生坏账的可能性就会越大。甚至有的企业，对客户究竟欠款多少都不清楚，自然不可能有效地收回账款。

其次，则是内部控制体系不健全。部分中小企业没有完整的内部控制流程，财务管理负责人甚至没有任何经验就可以成为领导，对应收账款的管理流程完全不了解，更多时候是通过人际关系完成的，而不是依靠科学的流程，财务管理一塌糊涂。这样的企业，自然不可能有效追讨应收账款，从而导致企业陷入窘境。

还有的企业，虽然有一套应收账款的管理流程，但是一旦遇到喜欢拖欠货款的客户，往往没有办法应对，缺少一支专业的法律团队做支撑，很多时候往往选择"打碎牙齿往肚子里咽"。这样的企业，同样是内部控制体系不健全的典型。

大多数企业都无法完全规避坏账，一笔坏账或占比非常低的坏账率，不会给企业带来致命影响。但是，如果始终保持过高的坏账率，就意味着企业出现了明显的应收账款管理漏洞，即便拥有再大的现金流，也有可能会被逐步蚕食、拖垮。所以，尽可能压缩坏账的比例，提升应收账款管理的科学性，这样企业才能让现金流形成正循环，不断创造利润，更好地发展。

3.1.3　货款拖延对利润的影响

货款不能按时收回，不断拖延，也会对企业的整个利润产生影响。虽然相对于坏账，它的负面影响更小，但是在特定阶段它的危害性也不亚于坏账。

1. 利润彻底被吞噬

如果因为货款拖延迟迟无法收回，那么首当其冲的，就是销售利润被货款拖延的利息成本完全吞噬。

例如，企业的销售净利润为10%，借款成本为10%，利润多久会被吞噬？1年后，利润将彻底消失，利润归为零。在实际经营中，很多企业的净利润事实上达不到10%，通常仅在8%左右，所以利润被吞噬的时间就更短了，可能只有9个月，甚至6个月。当确定了借款成本与净利润的百分比后，就可以看到利润会在多长时间被吞噬，如表3.1-1所示。

表 3.1-1　利润被货款拖延的利息成本完全吞噬所需的月份　　单位：月

所需月份 / 借款成本	销售净利润				
	10%	8%	6%	4%	2%
5%	24.0	19.2	14.4	9.6	4.8
6%	20.0	16.0	12.0	8.0	4.0
8%	15.0	12.0	9.0	6.0	3.0
10%	12.0	9.6	7.2	4.8	2.4
12%	10.0	8.0	6.0	4.0	2.0
15%	8.0	6.4	4.8	3.2	1.6

2. 追收及管理成本的增加

为了追回货款，企业不得不开展追讨活动，委派专门的人员到对方企业进行交流。很多时候，这种交流不是一次就可以完成的，需要反复进行，这就会造成追收及管理成本的增加。这些成本，包括从应收账款发生到回收期间，所有的应收账款管理费用支出总和，包括客户调查费用，对应收账款的正常收账费用，内部管理程序和人员、场地等费用支出。无形之中，企业必须拿出一部分利润做这些事情，导致现金流再次紧张。

3. 机会成本的削弱

所谓机会成本，指这笔货款用于其他投资或经营活动所能获得的最大收益，这是一种隐性成本。机会成本可以让有限的资源得到最佳配置，进一步扩大收益和现金流。但是货款拖延，导致企业不得不浪费这个机会。例如，企业原本计划通过某笔项目的回款，在某原材料价格处于最低点时进行采购，但是货款拖延导致缺少资金进行采购，原本的机会最终丧失。

3.2　应收账款绩效不良的原因分析

坏账、货款拖延，这都是应收账款绩效不良的现象。那么，是什么造成这些问题的出现？

3.2.1　人员素质问题

人员素质不高，是应收账款绩效不良的首要原因。其中，基层业务人员与业务主管都存在一定问题。

1. 基层业务人员的素质问题

基层业务人员的素质问题，主要体现在四个方面，如图3.2-1所示。

图 3.2-1　基层业务人员的素质问题

（1）缺乏完全销售的理念。基层业务人员的工作，不应只有销售，还要负责收回货款。但是，很多基层业务人员往往缺乏这样的认识，认为自己只管销售产品，剩下的工作都与自己无关。一方面，这与基层业务人员本身的素质能力有关；另一方面，这也与企业缺乏内部管理和培训有关，忽视了对于"非现金交易时代"的思路拓宽。

在过去，企业之间的交易往往是面对面的现金交易，但是随着结算方式的丰富，尤其是移动互联网转账的便捷，基层业务人员得到的只不过是一张客户在上面签过字的账单，只是一个债权凭证。债权凭证并非现金，必须不断地要求客户结账，将债权凭证兑换为现金，这才是完整的销售流程。

（2）缺乏回收货款的完善计划。想要拿回货款，必须有一个完善的计划，有步骤地进行。一个周全的收款流程，应当是拜访、递送账单、递送结款单，但是很多基层业务人员往往没有计划，或是忽然频繁联系客户，或是长时间忘记追款，导致客户结算货款的欲望非常低。基层业务人员必须做好货款回收计划，安排好路线表，做好事前的周密准备，每一次的追款都是上一次的递进，这样才能让客户重视借款问题，按照流程完成付款。

（3）大做人情。企业希望将还款时间尽可能拖延，所以在面对基层业务人员时，往往会寻找各种借口让基层业务人员给予一定宽限。为了避免客户的不愉快，为未来的合作提供更好的氛围，部分基层业务人员就会轻易地承诺可以晚几天付款。偶尔适当的承诺无伤大雅，但是如果基层业务人员频繁如此，总是给客户大做人情，那么货款自然难以收回，应收账款绩效当然也不会好。

（4）缺少收款的技巧。收款需要技巧，但是很多公司往往忽视对基层业务人员的培训，将重点放在了产品专业知识、市场知识、推销方面的知识上。结果，基层业务人员可以很好地进行销售，但在收款时却完全不知道该如何行动，总是被客户牵着鼻子走，遇到难题自己没办法处理，应收账款绩效自然就不会好。

2. 业务主管的素质问题

如果业务主管的能力素质不高，也会造成应收账款绩效不良的现象。业务主管的素质问题主要如图 3.2-2 所示。

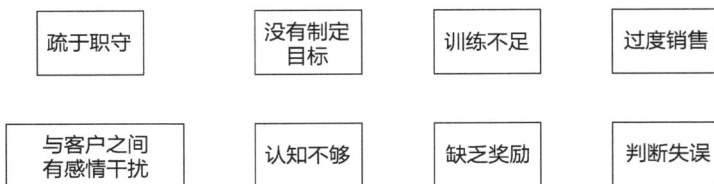

疏于职守	没有制定目标	训练不足	过度销售
与客户之间有感情干扰	认知不够	缺乏奖励	判断失误

图 3.2-2　业务主管的素质问题

（1）疏于职守。不同于基层业务人员，业务主管需要做更加全面的工作，尤其是账龄分析。所谓账龄就是应收账款的年龄，应收账款的年龄越大，风险越高，回收的可能性相应也就越小，所以为了确保应收账款能够快速安全地回收，业务主管要定期做好应收账款账龄的准确分析。但是，部分业务主管对账龄分析的关注度非常低，往往将管理工作重点放在业务拓展之上，不关注账龄，所以自然难以督促基层业务人员开展相关工作。

（2）没有制定目标。业务主管没有对应收账款制定执行目标，往往只是想到时才会突然行动，基层业务人员自然没有充分的时间做准备，因此很难顺利拿回款项。

（3）训练不足。想要实现高效收款，需要相应的技巧。这种技巧一方面需要基层业务人员在工作中自我形成，另一方面也需要有经验的业务主管传授。但是，业务主管往往忽视这方面的培训和训练，没有把应对疑难问题的方法传授给基层业务人员，训练及经验的不足导致了基层业务人员收款能力较弱。自然，货款回收的比例也大大减小。

（4）过度销售。业务主管一味要求基层业务人员在销售方面下足功夫，导致基层业务人员没有充足的时间回收货款。这种过度销售的管理方式，也让基层业务人员在其他时间难以自主学习催款的技巧，这也是应收账款绩效不良的一个重要原因。

（5）判断失误。业务主管自己对客户判断失误，或是对客户没有进行全方位的了解与分析，认为其可以很快结款，结果导致问题出现却没有任何应急措施，不能及时收回货款。

例如，某计算机销售公司接到了一个大订单，销售主管与客户交流。该客户想要购入 300 万元的产品，他所在的公司是某大型公司的控股公司，在交流时客户不断说明自己公司的实力，并表示如果价格合适其他产品也可以在该计算机销售公司购入。销售主管认为对方在大公司任职，自然不会有问题，于是签下协议，并在下个月月底进行收款。结果到了时间，发现这家公司的规模非常小，最多只能支付 150 万元，剩下的尾款要到年底才能结算。没有仔细分析造成对客户错误判断，结果该销售主管遭到停职的处分。

（6）缺乏奖励。积极的绩效管理，有利于调动员工的积极性。多数现金流较好的企业，都会对收款速度快、收款比例高、呆账金额发生少的基层业务人员给予奖励，基层业务人员自然愿意投入收款的工作。但是，如果业务主管缺乏激励措施，那么基层业务人员自然不愿意投入收款的工作，而是将主要精力放在销售之上。

（7）认知不够。很多企业不仅基层业务人员认知有限，就连业务主管对账款收回也认知不够，经验有限。这是因为，这些企业将销售作为考核的唯一标准，成为业务主管的人往往具备很强的销售能力，但是在收回账款方面几乎完全不懂。这样一来，他自然也无法制定合理的收款策略，要求基层业务人员实施。

（8）与客户之间有感情干扰。如果业务主管与某位客户的关系较为亲近，很容易导致无法积极督促基层业务人员进行账款回收的工作。这种感情干扰，必然会造成企业的应收账款积压过多。

3.2.2 应收账款的回收期限拉长

应收账款的回收期限被拉长，也是应收账款绩效不良的重要原因。那么，什么造成了应收账款期限被拉长？

1. 对方拖延

对方故意拖延，明明已经到了账款回款日，但依然能拖就拖，能拖多久就拖多久，付款越晚越好。多数情况下，客户会选择各种方式对基层业务人员软磨硬泡，一旦基层业务人员松口，对方下一次依然会百般拖延。当客户的拖延战术得逞时，企业整个应收账款回收的期限势必就相应拉长了，这样就纵容了客户拖延付款的行为。这种情况，往往都是前期基层业务人员与客户沟通不当造成的，例如没有明确说明一旦拖延将会承担哪些责任，所以客户自然有恃无恐。

2. 心虚让步

部分经验不足的基层业务人员，当听到客户说"某某给我的付款时间要比你的长"时，往往会心虚，认为自己催款给别人带来了麻烦，同时也不想失去该客户，于是立刻同意了对方的要求。这样一来，原本一个月就能收回来的货款，常常会拖两个月甚至三个月。这种情况，主要是企业没有提供完善的培训课程，基层业务人员不懂得如何与客户进行正确交流而造成的结果。

3. 企业没有明确规定

部分企业自己就没有明确的货款回收计划和明确的规定，往往将权限交给基层业务人员。首先，基层业务人员为了确保不会失去自己的客户，往往不恰当地延长收款时间；其次，基层业务人员认为即便出现账款延期也不是自己的问题，企业允许这种情况出现，所以也不会特别督促客户，客户只要提出请求就会轻易答应。这种情况反映了企业对现金流管理的混乱，在内部已经产生了非常严重的问题，收款终端自然也无法得到积极的反馈。

4. 故意做人情

部分基层业务人员表面上在企业工作，事实上在外还有自己的企业，企业的客户也是自己的客户，所以他想要借助这个渠道给自己的人情打基础，因此不惜牺牲企业的利益，把一些好处让给客户，允许客户拖延付款时间。这种情况，自然会导致应收账款的回收期限拉长，更重要的则是说明企业内部管理有非常巨大的漏洞。

5. 强行送货

有的时候，客户购买潜力有限，但基层业务人员为了达成业绩，强行送货，根本不考虑客户能否按时结款。结果到了收款期限，客户没有全额付款的能力，导致自己不能及时回收货款，延长了应收账款的回收期限。这种情况，说明企业对业务管理的不足，对基层业务人员赋予了过高的权限。

例如，某个客户每个月都会销售 10 000 万元的某产品，进货量很少出现波动。但是总公司忽然制定了非常高的销售计划，基层业务人员为了达成业绩，软磨硬泡说服了该客户多购买了 5 000 万元的产品，应收账款是 15 000 万元。而客户实际能销售出去的只有 10 000 万元的产品，客户此时心里想的是："这种产品不好卖，所以付款的期限自然也需要延长。"结果到了收款期，客户不仅没有全额结款，还明确表示自己超额采购是因为基层业务人员的强买强卖，如果不允许延期付款，那么就将未售出的产品退货。这件事最终闹到公司总部，总部只得答应了客户延期付款的要求。

3.2.3 企业应收账款绩效不良的其他原因

企业应收账款绩效不良的其他原因如下。

1. 折让金额过多

所谓折让金额，就是指企业少收回一部分货款，例如客户提前一星期还款可以以 9 折价格付款。折让，就是给予客户的优惠。适当的折让，会调动客户主动还款的积极性，有利于企业现金流的流转。但是，如果使用不当，也会造成应收账款绩效不良现象频出。

（1）没有明文规定。部分企业对折让金额的比例没有做出明文规定，这就让基层业务人员在收款时没有参考，仅仅依靠经验或现场与客户交流的顺畅程度做决定。这样一来，就有可能每一名基层业务人员都采用较为宽松的折让方式收回应收账款。对于企业来讲，折让金额过多，企业的利润自然就会相应减少，一旦折让金额超过正常值，那么收回的款项甚至无法弥补成本，自然对企业的利润产生负面影响。

（2）价格波动。在市场经济条件下，市场热售产品、电子产品、农副产品等，往往会受到市场波动的强烈影响，价格不断变化。一旦价格上涨，基层业务人员如果没有及时明确涨价后的价格，客户就会因此产生损失，要求基层业务人员进行价格折让。由于基层业务人员没有及时将新价格告知客户，所以主要问题出自本企业，最终基层业务人员不得不选择折让收回应收款项。

（3）随意抹零，不能坚持原则。客户往往会说："我们已经合作这么久了，抹个零吧。"很多基层业务人员为了确保不失去客户，往往不会坚持原应收账款。如果金额较小，那么对企业的利润不会产生过大影响；但是如果金额较大，随意抹零就会造成非常严重的后果。例如，客户面对 1 023 400 元的账单，执意只支付 1 000 000 元，这就意味着高达 23 400 元的应收账款无法收回，会对企业产生非常严重的影响。

（4）管理不当。对于基层业务人员频繁的折让催款方式，部分业务主管并没有过多管理，对于收不回来的货款也常常不再追究。这样一来，基层业务人员会认为这种方法既可以收回款项，又不会被领导批评，还能够给客户留下好印象，自然持续使用这种方法。结果，折让的金额累积成一个庞大的数字，企业的销售利润自然会遭受很大的损失。

2. 退货过多

退货过多，也会给企业应收账款带来影响。

（1）过度销售。很多基层业务人员会选择过度销售的方式，要求客户大批量采购，结果客户的库存积压过多，为了缓解库存积压，要求退货当然是客户最好的选择。

过度销售引发的频繁退货，导致企业既不可能得到应收账款，还会导致经营管理成本的增加，如产品无意义的进出仓库、人员无意义的销售工作等，这些损失渐渐积累会形成巨大的数额。

（2）没有助销。想要实现大规模的快速销售，企业必须竭尽全力配合客户进行销售，例如为客户提供各类宣传手册、企业投放品牌广告扩大知名度等。但是，如果企业自身没有进行任何协助销售的工作，客户无法完成销售，自然就没有能力偿还货款，所以最终选择退货。

（3）货物存放过久。如果企业没有做好生产、存货的管理，货物存放时间过久成为过时产品，那么即便货物进入市场也会让终端消费者感到不满，这时候客户就会选择退货。因为市场销路不畅，客户无法产生收益，自然不愿意继续销售，所以企业不仅没有获得应收账款，反而收到了大批量已经无法再次销售的产品，导致现金流更加恶化。

3.3　如何管理和清理应收账款

对于已经收回的应收账款，企业要加强管理和清理，保证应收账款在企业账户之中，成为企业现金流的组成部分。

3.3.1　如何明确应收账款具体由谁来管理

对于应收账款，企业以下几个部门应当在各自的权限内，将工作做到精准、完善。

1. 赊销与征信部门

赊销与征信部门的主要工作，就是针对客户进行信用分析，确定应收账款的期限和额度，尽可能将坏账的风险压至最低。赊销和征信部门必须对客户进行信用调查，并从对小企业进行信用评级的征信机构处取得信息，以便确定要求赊购客户的信用状况及付款能力。同时，赊销和征信部门还要做好以下工作。

（1）对客户的信用状况进行评级，并形成客户信用评级表。客户信用评级表内容构成如表3.3-1所示。赊销与征信部门要严格按照客户信用评级表对客户进行考察，并在表格中对应的位置进行打分。

表 3.3-1　客户信用评级表

系数	评价类别	评价指标	权重	评分等级	审核得分
品质特性评价占32%	整体印象	企业的成立时间、规模、企业在行业的形象、员工的素质等	6%	成立3年以上，规模较大，员工表面素质较高，企业在同业中形象良好，则6分	
				成立1年以上（含1年），规模中等，员工表面素质一般，企业在同业中形象一般，则3分	
				成立未满1年，规模较小，员工表面素质较低，企业在同业中形象较差，则0分	

续表

系数	评价类别	评价指标	权重	评分等级	审核得分
品质特性评价占32%	负责人品德及企业管理素质	企业的负责人和经理的文化水平、道德品质、信用观念、同行口碑等	4%	主要负责人品德及企业管理素质好，则4分	
				主要负责人品德及企业管理素质一般，则2分	
				主要负责人品德及企业管理素质差，则0分	
	业务关系持续期	业务关系持续期	6%	与我司的业务关系持续2年以上，每月补货次数（偏远区域3次或以上，中等区域10次或以上，附近区域20次或以上），则8分	
				与我司的业务关系持续1~2年，每月补货次数［偏远区域2~3次，中等区域5~10次（不含），附近区域10~20次（不含）］，则6分	
				与我司的业务关系持续2~12个月，每月补货次数［偏远区域1~2次，中等区域1~5次（不含），附近区域5~10次（不含）］，则4分	
				与我司的业务关系持续少于2个月，每月补货次数（偏远区域1次以下，中等区域1次以下，附近区域5次以下），则2分	
	业务关系强度	业务关系强度	4%	以我司为主供货商，对其生意有较强的影响力，则4分	
				以我司为次供货商，对其生意影响力一般，则2分	
				偶尔在我司提货，对其生意无影响力，则0分	
	合作诚意	合作诚意	2%	合作态度好，从不提出不合理要求，则2分	
				合作态度一般，而且会提出不合理要求，则1分	
				合作态度差，经常提出不合理要求，则0分	
	企业人数	企业人数	6%	20人及以上，则6分	
				10~20人（不含），则4分	
				5~10人（不含），则2分	
				5人以下，则0分	

续表

系数	评价类别	评价指标	权重	评分等级	审核得分
品质特性评价占32%	同行评估	同行评估	2%	抽查4个同行，都说好，则2分	
				抽查4个同行，2~3个说好，则1分	
				抽查4个同行，1个说好，则0分	
	不良记录	不良记录	2%	无不良记录，无论针对我司还是其他公司，则2分	
				有不良记录，如曾经欠款不还、多次丢货等，则0分	
信用回款评价占50%	按期回款率	应收天数、应收金额	50%	所有货款正常账期100%结算，逾期应收为0元，无一逾期，则50分	
				有应收款45~75天（含），应收不高于2万元，则40分	
				有应收款75~105天（含），应收不高于2万元，则30分	
				有应收款105~135天（含），应收不高于2万元，则20分	
				有应收款135天以上，无论金额大小，则0分	
经营能力评价占18%	分销能力	分销金额	8%	月平均从我司采购额8万元或以上，则8分	
				月平均从我司采购额2万~8万元（不含），则6分	
				月平均从我司采购额0.4万~2万元（不含），则4分	
				月平均从我司采购额0.1万~0.4万元（不含），则2分	
				月平均从我司采购额0.1万元以下，则0分	
	行业地位	销售规模	6%	在当地销售规模处于前三，则6分	
				在当地销售规模处于前十，则4分	
				在当地有一定的规模，但排名靠后，则2分	
				在当地处于起步阶段，则0分	
	资金	支付能力	4%	资产雄厚，支付能力强，则4分	
				资产一般，支付能力一般，则2分	
				资产负债率高，则0分	
合计					
级别					

根据得分，可以确定客户的级别。

AA 级：得分在 90 分以上（含 90 分）。

A 级：得分为 80 ~ 90 分（含 80 分）。

B 级：得分为 60 ~ 80 分（含 60 分）。

C 级：得分为 50 ~ 60 分（含 50 分）。

D 级：得分在 50 分以下，有呆账、坏账记录。

不能同时满足级别要求时，往下降一级。

对于 AA 级客户，在客户资金周转有一定困难，或旺季进货量较大，资金不足时，在承诺具体日期付款并经总经办批准后，可以赊销。但信用额度应以不超过一次进货量为限，信用天数一般不超过 30 天。

对于 A 级客户，一般要求账期内结清，前款不清停止发货。在承诺具体日期付款并经总经办批准后，可以赊销。但信用额度应以不超过一次进货量为限，逾期发货期限不超过 15 天。

对于 B 级客户，一般要求账期内结清，前款不清停止发货。在追回货款的情况下，视客户财务状况，转为先款后货。

对于 C 级、D 级客户，坚决要先款后货。

对于新客户或现金客户转挂账一般按 B 级客户对待。经过一段时间的观察后，再按正常的信用评价方式对其评价。

（2）赊销与征信部门对客户进行的评级是进行客户账款批准的唯一标准，企业任何部门和人员都不能私自同意赊销。

2. 财务部门

对于已经进入企业的应收账款，要由财务部门进行归类整理。在做好总账的基础上，财务部门在完成入账工作后，要按信用客户的名称设置明细账，详细、及时地记载与各信用客户的往来情况。财务部门要做好以下工作。

（1）保证所有应收账款准确入账，详细记录信息。

（2）对于赊销业务，要进行分工协作，分派专人负责登记明细账、填制赊欠客户的赊欠账单、向赊欠客户交送或邮寄账单和处理客户收入的现金等。

（3）明细账应定期同总账核对。

（4）业务经办人、经办部门应设立应收账款台账，并定期与财务部门核对并及时清账和追收。

（5）期末财务部门将对账单发送至本企业和客户，主动进行账款核对。同时对于核对差异应及时查找原因，必要时进行账务调整。客户签章确认后的往来款对账单由财务部门存档管理。

3. 内部审计部门

进入企业账户的应收账款，必须保证可以追溯，保证资金安全运行。所以，内部审计部门要做好以下工作。

（1）明确责任。对于每一笔资金、每一个项目必须委派指定人员进行审查，在赋予他们查账权利的同时，也要明确其责任和义务。一旦发现应收账款与合同有出入、应收账款被挪用，审查人员必须立刻进行汇总报告，否则审查人员同样承担责任。

（2）责任分离与岗位轮换。不能让一个审计部门长时间跟踪同一项目或与同一项目负责人合作，要实行责任分离与岗位轮换的机制，这样做不仅有助于精确地编制数据，还限制了需要两人或多人合伙才能舞弊的机会的产生。

（3）对赊销的权限进行监督。赊销及征信部门有权决定赊销的对象及数量，但决定必须建立在对信用资料分析的基础之上，权利属于全部门，个人不能凌驾于集体之上。

3.3.2 如何运用科学的方法对应收账款进行管理

对于应收账款，要进行合理管理，这样它才能促进企业现金流的健康，保证营运资本形成正循环。那么，我们该如何对应收账款进行管理呢？

1. 加强销售人员的回款管理

针对销售人员开展回款的专项培训，要让销售人员养成以下习惯。

（1）货款回收期限前一周，就对客户进行电话、微信和邮件的通知，三个途径同步进行，预知客户结款日期。

（2）结款日当天早晨9点上班时，电话通知对方。如果距离较近，或该笔应收账款较为重要，应提前到达对方企业，当面督促对方进行回款。

为了调动销售人员追回应收账款的积极性，企业应将应收账款管理与销售人员考核相挂钩，完成企业的任务的销售人员可以获得奖励。

2. 定期对账，确定优先收账对象

为了避免因为工作过多而产生的遗漏，企业要建立定期对账的制度，每隔三个月或半年就必须同客户核对一次账目，并对因产品品种、回款期限、退还货等导致单据、金额等方面出现的误差进行核实。根据应收账款账龄、资金数额大小等，财务部门要进行排队分析，确定优先收账的对象。对优先级较高的应收账款，必须立刻与对方企业进行联系。如果发现有企业故意拖欠，那么应考虑通过法律途径加以追讨。

3. 降低应收账款的比例

赊销业务会给企业现金流带来压力，所以，一定要降低应收账款的比例。如果企业已经遇到现金流危机，那么宁可采取降价销售的方式，也不要选择大额赊销，或采用如购货方承兑汇票支付方案降低风险。赊销业务的占比很小，这样能够有效降低企业现金流风险，正如老干妈几乎不会开展任何赊销业务，所以老干妈的现金流很健康。

4. 计提减值准备

企业要谨慎对待赊销，在期末或年终对应收账款和存货进行检查，合理地预计可能发生的损失，对可能发生的各项资产损失计提坏账准备或跌价准备，以便减少企业风险成本。

5. 做好清理应收账款工作

每年接近年底时，是各个企业进行应收账款清理的重要时间节点。在这个时间段，要做好以下清理应收账款工作。

（1）整理应收账款表格，明确标明项目编号、项目经理、项目名称、欠款单位、合同金额、欠款金额、账龄天数、已开票金额、合同签订日期、是否可以找到合同、最后一次付款时间、成果验收单、工作量统计单、欠款原因及纠纷描述等内容。

（2）根据表格内的企业名单，注意查询债务公司的近况，为后续的沟通、催收打好基础。既要通过网络查询，确认该公司的工商信息、诉讼情况、被执行人及失信情况、公司网站、公司招聘等内容，也要在行业内了解该公司的情况。如果有必要，还应当进行实地探访。如果发现公司网站无法访问、公司电话无人接听、有大批量劳动争议、办公地址无人办公等，就意味着公司出现了明显的经营问题，要进一步加大清账的力度。

（3）通过调查，已经了解到对方公司的基本现状。接下来，要委派专业律师仔细阅读合同条款，制定催收策略，提前预测对方会提出哪些异议，并制定应对方案。如果无法回答对方提出的问题，那么后续的催款也将难上加难。

（4）开展催收活动。如果在公司无人接电话，但知道其法定代表人、负责人电话的情况下，应当直接与对方进行通话。反之，则应通过各种渠道找到相关负责人的联系方式，进行直接沟通。

电话交流时，要阐明来意、付款主张，等对方回复。可以根据对方的反应，灵活调整催款策略。不同的人有不同的性格，不可机械地运用之前催收的经验，一定要灵活调整。有的债务方不喜欢电话沟通，害怕电话沟通，就要想办法用他可以接受的方式来沟通。

如果对方有明确还款欲望和计划，应当委派专人与对方进行面对面的交涉，在拿到部分应收账款后，签订接下来的还款协议。但是，如果发现对方明显具有不还款的心态，始终采用拖延战术，那么要立刻采取其他手段，包括发送函件、发送律师警告信、直接起诉等多种方式，在最短的时间内收回欠款。

3.3.3　日常销售过程中如何管理应收账款

应收账款的管理是一项复杂的工作，我们不能期待所有收款活动都在销售结束后才进行，这会大大增加产生坏账的可能性。所以，在日常销售过程中，我们就要加强应收账款的管理，保证企业能够按照计划顺利收回账款。

1. 确保合同的严谨和规范

在与符合企业信用等级要求的客户进行签约前，一定要对销售合同的各项条款进行逐一审查核对，合同的每一项内容，都有可能成为日后产生信用问题的凭证。合同是保障按时追回应收账款的关键，如果合同充满争议和模糊内容，那么对方就有可能找到漏洞恶意拖欠账款。所以，销售合同中必须明确以下内容。

（1）交易条件，如品名、规格、数量、交货期限、价格、付款方式、付款日期、运输情况、验收标准等。

（2）双方的权利义务和违约责任。尤其对对方如果违反付款日期和付款方式的行为，要明确说明应承担怎样的责任。

（3）合同期限。

（4）签订时间和经办人签名加盖合同专用章或公司印章（避免个人行为的私章、单一签字或其他代用章）。

（5）电话订货必须有传真件作为凭证，否则不予发货。

（6）合同必须经过市场部经理审核确认才可以盖章。

以上六点缺一不可，如果其中某一点存在任何歧义、瑕疵，都不得进行合同签署。

2. 做好事中控制

所谓事中，即为发货到收款的阶段。在这个阶段，要做好以下工作。

（1）发货查询，货款跟踪。每次发货前，出库人员必须严格对照销售合同，保持产品数量、规格的一致。在货物发出后，销售人员就应当启动监控程序，根据不同的信用等级实施不同的收账策略，在货款形成的早期进行适度催收，提示应收账款的回款期限。当然，为了维持跟客户良好的合作关系，避免对方产生厌烦感，可以给提醒追踪找一个借口，例如在咨询对方使用体验时适时提示时限，这样就会取得较好的效果。通常来说，要以周为单位，保证与客户每周进行一次沟通。

（2）与客户进行对账。对账工作应当由企业的财务部门进行。可以由销售人员促成财务部门和对方企业形成对接，财务部门隔一个月或一个季度必须同客户核对一次账目，形成定期的对账制度，不能使管理脱节。这样做是为了避免账目混乱而产生的互相推诿，出现差错。尤其当出现以下几类现象时，更容易出现账目混乱。

①产品多品种、多规格。

②产品的回款期限不同，或同种产品回款期限不同。

③产品出现平调、退货、换货。

④客户不能够按单对单（销售单据或发票）回款。

正是因为存在各种复杂的情况，所以，做好对账工作，让账目清晰明了，这样才能保证最终收款时简洁、透明，快速完成流程。

第4章
资金预算与分析管理

　　想要让企业拥有健康的现金流，就要对资金进行预算，确认企业未来可能产生的利润，以及必须支出的款项。进行资金预算，我们就可以看到企业现金流存在的问题，然后根据各种科学的计算方法，确认企业合理的现金流管理模式。

4.1 资金预算管理

做好资金预算，才能保证企业接下来一段时间的经营始终在可控的范围内发展。没有进行资金预算管理的企业，现金流必然一片混乱，每天都会面临各种不可预期的支出，最终无力承担而破产。所以，无论企业规模大小，都必须做好资金预算管理。

4.1.1 现金安全存量预算

企业资产负债表中，第一项就是企业的货币资金，即现金。企业的现金，是在生产经营过程中暂时停留在货币形态的资金，包括库存现金、银行存款、其他货币资金。

现金具有很强的流动性和变现能力，它并不是盈利性资产，虽然存在银行里可以产生一定利息，但这种利益较小，不会对企业的运营产生明显影响。所以，现金的盈利性最弱。然而，它的重要性却最高：企业必须持有一定数量的货币资金，合理安排货币资金的持有量。在这个基础上，减少货币资金的闲置，提高货币资金的使用效果，这样才能保证企业的整个现金流安全。

1. 现金安全存量的三个方面

企业的现金安全存量是否合理，要从三个需要进行分析。

（1）交易性需要。所谓交易性需要，是指企业生产经营活动中货币资金支付的需要。例如，企业进行工资的支付、原材料的采购、税款的缴纳等，都是企业必须进行的交易。这种需要发生频繁，金额较大，是企业置存货币资金的主要原因。一旦现金安全存量不足，企业的基本生产将会无法得到保障。

（2）预防性需要。预防性需要是指企业为应付意外的、紧急的情况而需要置存货币资金。例如，当企业出现生产事故或遭遇自然灾害时，必然需要应急资金解决问题。

企业预防性需要现金的需求量，通常取决于企业其他流动资产变现能力、企业愿意承担风险的程度、企业发展规模。这笔资金是不能轻易使用的，即便它不能产生其他收益。

（3）投机性需要。所谓投机性需要，是指企业为抓住稍纵即逝的市场机会，投机获利而持有的货币资金的需要。例如，企业遇到价格非常便宜的原材料和商品，或者短期内有超低价购入有价证券的机会，应当有一定的现金保证可以从事相关活动。

2. 现金安全存量预算的依据

想要对现金安全存量进行预算，需要从以下几个角度入手。

（1）营运资金的需求计划。企业要建立并有效执行营运资金的需求计划，进行系统化的全面预算，包括原材料采购预算、人工工资及福利预算、部门费用预算等。每个部门都要认真编制自己的预算，经过上级部门审批，保证预算的关键点具有真实性和有效性。

由于各个企业的规模、所处行业不同，所以各部门的预算都不会相同，但其中有两个环节是重中之重。

采购与付款内控制度。原材料采购是企业非常重要且会经常发生的经济活动，为了保证现金安全存量，首先要加强对采购业务的预算管理，各部门应该按照年度战略方针编制预算方案，并保持预算的严肃性，中期经营变化时应及时调整预算方案，预算方案应该列明资金计划。一旦采购与付款内控制度形成，除非遇到特殊情况，否则任何人和部门都不能轻易更改。在使用相关预算时，也要严格按照流程进行，杜绝任何形式的私自划拨。

针对企业员工的工资，人力资源部门一方面要考虑当前员工的工资，还要根据用人规划、薪酬标准和工时以及国家规定的社保编制具有长远性的工资预算。通常来说，工资薪酬预算都比较刚性，需要定期复核薪酬支出实际数量与预算数额，出现差异，要及时调整资金计划。

（2）企业的临时举债能力。企业经营随时可能遇到各种问题，包括自然灾害或人为灾害，无论哪一种都需要企业提供资金解决问题。所以，企业的临时举债能力也会影响到现金安全存量，这取决于企业平时的信用状况。如果信用状况较好，那么可以只留取较少的安全资金预算，遇到问题凭借信用价值获得现金。反之，则应当将预防性需要的预算提高。

（3）企业其他流动资产的变现能力。企业的应收票据、应收账款、其他应收款、存货等，也会影响到现金安全存量的预算。这几个数据，以流动性依次排列。企业其他流动资产的流动性越强，财务风险就会越小，现金安全存量预算可以适当降低；反之，企业其他流动资产的流动性越弱，财务风险就会越大，现金安全存量预算应提高。

4.1.2　采购资金需求量预算

采购是企业经营活动中最重要的工作之一，也是整体预算中变化非常大的一环。要做好采购资金需求量的预算，它是企业在一定计划期间（年度、季度或月度）编制的材料采购的用款计划。采购是非常频繁的工作，所以会直接影响企业现金流的健康。做好采购资金需求量的预算，企业的整体预算工作就完成了一半。

采购资金需求量的预算是一项非常庞大的工作，在此，我们要按照以下两个基本原则进行。

1. 制定采购资金需求量标准流程

为了保证采购部门提供的采购需求符合企业需求，且能够让财务部门和其他相关部门快速理解并进行审核，在未来工作中不会反复推翻之前的预算计划，企业应建立规范的采购资金需求量流程。通常来说，采购资金需求量的确定应当按照以下流程进行。

（1）审查企业以及部门的战略目标，确认采购的方向。

（2）制定明确的工作计划，形成采购项目大类。

（3）确定所需的资源，明确到每一种原材料。

（4）提出准确的预算数字。

（5）汇总，提交采购预算表。采购预算表如表4.1-1所示。

表4.1-1 采购预算表

采购目录代码	采购目录名称	数量	计量单位	单位预算内资金		单位预算外资金		财政建设、城建及各类项目资金（5）	政府专项资金（6）	其他自筹资金（7）	预计采购时间要求
				本年安排（1）	上年指标结余（2）	本年安排（3）	上年指标结余（4）				
A	货物类										
A03	一、一般设备										
A0301	1. 电器设备										
A030105	摄影、摄像器材（不包括普通相机）										
A030106	空气调节设备										
A0302	2. 办公自动化设备										
A030201	计算机										
A030202	打印机										
A030204	传真机										
A030205	复印机										
A030206	速印机										
A030208	投影仪										
A030209	扫描仪										

续表

采购目录代码	采购目录名称	数量	计量单位	单位预算内资金		单位预算外资金		财政建设、城建及各类项目资金（5）	政府专项资金（6）	其他自筹资金（7）	预计采购时间要求
				本年安排（1）	上年指标结余（2）	本年安排（3）	上年指标结余（4）				
A0303	3. 家具（年批量 10 万元以上）										
A030301	办公室、会议室家具										
A04	二、办公消耗用品										
A0401	办公纸张（定点管理）										
A07	三、专用材料										
A0708	执法部门服装										
A10	四、专用设备										
A1001	1. 通信设备（年批量 10 万元以上）										
A1004	2. 网络设备										
A100401	服务器										
A100402	路由器										
A100403	交换机										
A100406	不间断电源										
A100407	防火墙										
A1006	3. 医疗设备（单项 3 万元或年批量 10 万元以上）										
A1018	4. 档案设备（单项 3 万元或年批量 10 万元以上）										
A1019	5. 教育设备（单项 3 万元或年批量 10 万元以上）										
A1020	6. 科研、实验室设备（单项 3 万元或年批量 10 万元以上）										

续表

采购目录代码	采购目录名称	数量	计量单位	单位预算内资金		单位预算外资金		财政建设、城建及各类项目资金(5)	政府专项资金(6)	其他自筹资金(7)	预计采购时间要求
				本年安排(1)	上年指标结余(2)	本年安排(3)	上年指标结余(4)				
A1021	7. 广播电视设备（编辑设备）（单项3万元或年批量10万元以上）										
A1022	8. 灯光、音响设备（单项3万元或年批量10万元以上）										
A1023	9. 文艺设备（单项3万元或年批量10万元以上）										
A1024	10. 体育设备（单项3万元或年批量10万元以上）										
A1027	11. 电梯										
A1028	12. 炊事设备（单项3万元或年批量10万元以上）										
A1029	13. 锅炉										
A11	五、交通工具										
A1101	机动车										
A110101	1. 轿车										
A110102	2. 越野汽车										
A110103	3. 卡车										
A110104	4. 载客汽车										
A110105	5. 专用汽车										
A11010503	消防车										
A11010505	救护车										
A11010506	通信和广播用车										
A11010507	皮卡										

续表

采购目录代码	采购目录名称	数量	计量单位	单位预算内资金		单位预算外资金		财政建设、城建及各类项目资金(5)	政府专项资金(6)	其他自筹资金(7)	预计采购时间要求
				本年安排(1)	上年指标结余(2)	本年安排(3)	上年指标结余(4)				
A11010508	洒水车										
A11010509	道路清扫车										
A11010510	垃圾车										
A11010599	其他专用汽车										
A110106	6. 摩托车										
其他	年批量采购在 10 万元以上的货物										
	1.										
	2.										
	3.										
	4.										
	小计										
B	工程类（指建设工程，包括建筑物和构筑物的新建、改建、扩建、装修、拆除、修缮等。政府采购工程进行招标投标的，适用招标投标法）										
	1.										
	2.										
	3.										
	4.										
	小计										
C	服务类										
C01	一、印刷（定点供应）										
C03	二、专用软件开发（数据库）（10 万元及以上）										

续表

采购目录代码	采购目录名称	数量	计量单位	单位预算内资金		单位预算外资金		财政建设、城建及各类项目资金（5）	政府专项资金（6）	其他自筹资金（7）	预计采购时间要求
				本年安排（1）	上年指标结余（2）	本年安排（3）	上年指标结余（4）				
C0703	三、交通工具的维护保障										
C070301	1. 车辆保险（按相关管理规定执行）										
C070302	2. 车辆加油（定点管理）										
C070303	3. 车辆维修（定点管理）										
C08	四、会议										
C0802	一般会议（承办的全国、全省会议）										
C10	五、物业管理（年支出超过 10 万元）										
其他	年批量采购在 10 万元以上的服务										
	1.										
	2.										
	3.										
	4.										
	小计										
	总计										
填报单位负责人：			财务负责人：					编制人：			
填报单位（盖章）								编制人联系电话：			

　　表 4.1-1 这样的采购预算表，能够清晰表明企业的采购内容和相应的采购金额，有利于财务部门和其他相关部门进行审核。企业可以根据自身的实际需

求进行内容调整，但必须保持该采购预算表的结构完整。

2. 分析采购预算是否合理

对于采购部门提供的采购预算表，财务部门要根据历史数据预测分析企业现金流量是否合理，采购是否满足企业未来的需求。财务部门可以从以下几个角度入手。

（1）分析经营活动现金净流量是否正常。判断企业的经营活动现金净流量是否合理的计算方法为：

经营活动现金净流量 − 财务费用 + 本期折旧 + 无形资产递延资产摊销 + 持摊费用摊销

经营活动现金净流量 −（财务费用 + 无形资产、递延资产摊销 + 待摊费用摊销）

如果最终计算结果为负数，那么表明该企业经营的现金收入不能抵补有关支出，企业亏损，这个时候就必须对预算进行再次审核，确认过去的采购是否合理，是否有改进的空间，本次预算不予通过。

（2）分析现金购销比率是否正常。所谓现金购销比率，是指企业在经营活动中购买商品、接受劳务支付的现金与销售商品、出售劳务收到的现金的比率，其计算公式为：

现金购销比率 = 购买商品、接受劳务支付的现金 ÷ 销售商品、出售劳务收到的现金 × 100%

如果企业正常经营，那么现金购销比率应当接近商品销售成本率，即成本费用总额 ÷ 营业收入总额。如果这个数值与商品销售成本率差异过大，就意味着购进了大量积压商品或是经营业务萎缩。此时应对照过去的采购价格和数量，依据此对新的采购预算进行判断。如果发现没有明显改观，那么说明该采购资金需求量是不符合企业发展需求的。

（3）分析营业现金回笼率是否正常。营业现金回笼率的计算公式为：

营业现金回笼率 = 销售商品、出售劳务本期收回的现金 ÷ 本期营业收入 × 100%

通常来说，该数据的最终结果应在 100% 左右。如果低于 95%，说明销售回款不正常；如果低于 90%，说明将发生比较严重的现金短缺。

如果出现较为严重的现金短缺，就必须确认新的采购资金需求预算是否合理，企业是否可以承受。结合企业实际存在的问题，对采购资金进行有针对性的调整，这样才能保证采购满足生产的同时，不会给企业现金流带来过大的压力，甚至直接压垮企业。

4.1.3　生产资金需求量预算

企业进行生产，从而为市场源源不断地提供产品，以此获得盈利。所以，对于生产资金，同样需要进行需求量的预算。

1. 生产预算的基本计算方式

想要确认生产资金需求量的预算，首先要确认生产预算，即生产量的多少。生产预算与销售预算息息相关，它是为满足预算期的销售量以及期末存货所需的资源。生产预算既要考虑到有足够的产品用于销售，还必须考虑到计划期期初和期末存货的预计水平，以避免存货太多形成积压，或存货太少影响下期销售。

生产预算的计算公式为：

$$预计生产量 = 预计销售量 + 预计期末存货 - 预计期初存货$$

为了确认当下的生产力可以满足预计生产量，生产部门也要参与到预算计划当中，进行生产预算再审核。如果发现当下生产力无法满足预计生产量，那么应当修订销售预算，或通过人员招聘的方式提升生产能力；如果生产能力超过需要量，则可以进一步挖掘生产力的潜力，用于其他方面的生产。

2. 生产资金需求量的预算

确认了生产预算，就可以根据企业的实际薪资、采购价格等，确定生产资金需求量。生产资金需求量包括直接材料预算、直接人工预算、制造费用预算、期末产成品存货预算四个部分。

（1）直接材料预算。直接材料预算属于采购范畴，生产部门通过对生产材料的耗用量和原材料存货的需要量进行分析，为采购部门提供准确的数据。它的计算公式为：

$$直接材料预计采购金额 = 预计材料采购量 \times 预计材料单价$$

在直接材料预算中，预计材料单价是指该材料的平均价格，这个数据通常可以从采购部门处直接获得。

（2）直接人工预算。直接人工预算，即根据预计生产量进行生产所需的直接人工工时以及相应的成本。生产部门可以提供直接数据，根据生产预算确定的每单位产出所需直接人工以及生产量，就可编制直接人工预算。它的计算公式为：

$$预计直接人工总成本 = 预计生产量 \times 单位产品直接人工工时 \times 单位工时工资率$$

（3）制造费用预算。制造费用，是指在直接材料和直接人工以外为生产产品而发生的间接费用。制造费用预算是生产资金需求量预算中变化非常大的一项，尤其对于大型生产企业来说，生产水平、企业高层的理念、长期生产力和国家税收政策，都会对其产生影响。所以，制造费用的预算往往较为复杂。为了便于预算的编制，通常按成本性态将制造费用分为固定性制造费用和变动性制造费用。

制造费用的预算，包括动力预算、维修预算、制造人工成本预算等，此部分为预计固定性制造费用；而设备更新预算，厂房和机器设备的折旧、租金、财产税等各类费用，则属于预计变动性制造费用。它的计算公式为：

$$预计制造费用 = 预计变动性制造费用 + 预计固定性制造费用$$

（4）期末产成品存货预算。结合销售预算与生产预算，我们也可以得出期末产成品存货预算，它也是生产资金需求量预算的一部分。计算期末产成品存货预算，是为了让企业以尽可能少的库存量来保证生产和销售的顺利进行。该预算的编制方法如下。

①根据直接材料、直接人工、制造费用的预算，计算确定产成品单位成本。

②将产成品单位成本乘以预计期末产成品存货数量，即可得到预计期末产成品存货额。

4.1.4　销售资金需求量预算

销售资金需求量的预算是整体预算的核心，它会与其他预算之间产生关联。例如，确定了销售资金需求量预算，那么生产资金需求量预算就会确认；生产资金需求量预算确认，采购资金需求量预算也将清晰。所以，销售资金需求量预算一经确定，就成为生产预算以及各项生产成本预算等的编制依据。销售资金需求量预算是对销售预估规模的保守估计，既要考虑销售预测量，又要避免过高的风险。

1. 销售资金需求量预算的方法

进行销售资金需求量的预算，我们要采用以下方法。

（1）通过往期数据进行预算初步制定。

首先，分析销售部门历来年份、月份的费用和开支情况，将各费用明细项目予以分列，确认相关支出是否合理，并掌握费用变化的趋势。根据这些分析，结合未来的销售工作计划，逐个项目拟定其费用开支预计额度。

（2）销售资金需求量预算的基本组成。

销售资金需求量预算，主要由以下两类费用组成。

①销售人员的费用。

工资、提成、津贴。

差旅费，包括住宿、餐饮、交通、杂费（娱乐、干洗等）。

内部培训活动的费用。

②销售管理费用。

销售经理的工资、提成、津贴。

销售经理的差旅费，包括住宿、餐饮、交通、交际费等。

各类销售活动的费用，包括物料准备、道具准备费。

（3）销售资金需求量预算的流程。

①销售预测的确认。销售预测包括地区销售预测、产品销售预测和销售人员销售预测三部分。当销售目标确认后，企业就要围绕这一目标制定更加详细的销售计划。凡是涉及销售计划的费用，都要纳入预算体系。

②销售范围的确认。为了实现销售目标，企业需要分清客户的分布与痛点需求，确认不同销售区域的销售策略和方式，从而为每一个地区指定精准的销售计划，形成销售资金需求。

需要注意的是：销售最终需要依靠人来完成，所以销售人员的培训费用也要纳入销售预算体系。尤其委派新的销售经理进入某地区，通常他需要三个月才能完全熟悉工作，所以针对该地区的销售预算应适当增加。

（4）形成销售资金需求量预算。销售部门要制定详细的销售资金需求量预算表提交给上级部门，由财务部门做最终确认。由于销售可能会涉及多个销售分公司、小组，且每个地区的预算都不尽相同，所以财务部门要对各个分公司、销售小组的数据逐一分析，确认每一份预算表都合理、精准。一份完善的销售资金需求量预算表应包含的内容如表4.1-2所示。

表4.1-2　销售资金需求量预算表　　　　　单位：元

费用项目			时间												
			1月	2月	3月	4月	5月	6月	7月	8月	9月	10月	11月	12月
固定费用	租赁费														
	广告费	传统平台													
		互联网平台													
		……													
	人员培训费用	培训物料费用													
		培训师费用													
	……	……													

续表

费用项目			时间											
			1 月	2 月	3 月	4 月	5 月	6 月	7 月	8 月	9 月	10 月	11 月	12 月
变动费用	工资及福利	基本工资												
		福利体系												
	差旅费													
	运输费													
	其他费用	水费												
		电费												
销售费用合计														

2. 销售资金需求量预算的注意事项

销售资金需求量预算涉及的内容较多，且直接关系到销售终端，所以有一些事项是必须特别注意的。

（1）精准性。必须实事求是编制销售资金需求量预算，包括推广计划、新市场开拓方案等，一定要做到精准、完善，这样才能保证最终预算与实际工作产生的支出相吻合。

（2）预算的主体是业务员。一线业务员最了解市场，因此基础的销售资金需求量预算必须由业务员制定，业务主管审核。只有积极吸取一线业务员的意见，销售资金需求量预算才能够符合客观现实。

（3）不要将销售预测和销售任务混淆。进行销售资金需求量预算时，必然会进行销售预测。但是需要注意：预测并不是销售任务，它只是给销售任务做参考。部分公司往往把预测数字作为将来考核业绩的标准，与员工业绩捆在一起，这样一线业务员就可能降低预测数值。合理的方法，是实行"双线考核"，如果销售预测和实际的销售量间差距较大，给予相应惩罚，差距较小，则给予相应的奖励。

（4）通过信息系统再次确认预算。为了保证销售资金需求量预算的合理性和准确性，企业可以建立信息系统平台，将分销商、供应商纳入其中，实现供应链的整体管理，这样就可以搜集到各种各样的信息，结合上游供应商与下游市场的数据制定销售资金需求量预算，这样预算就会更加精准，还可以解决信息不对称的问题。

（5）预算的调整。通常来说，预算一经批准，通常情况下不会进行修改。但是，销售紧跟市场变化，所以需要留有一定弹性，为调整销售资金需求量预算做准备。我们不妨学习日本企业的方式：日本企业为全年做预算，高级经理只批准前6个月的预算，后6个月的预算在开始之前的1个月会做出修改和正式审批。这样一来，既避免了预算随意调整带来的危害，又考虑到了市场实际变化而产生的影响。例如某电商平台在下半年发起针对市场的大型促销活动，此时进行灵活调整即可满足市场需求，快速实现市场销售量的激增。

4.1.5　资本性支出资金需求量预算

所谓资本性支出资金，是指企业不经常发生资本投资性业务的支出资金。虽然不经常发生，但是单笔却可能产生较大的金额，例如企业固定资产的购置、扩建、改建、更新等都属于资本性支出。所以，企业必须做好这方面的需求量预算，避免没有准备而给企业带来现金流风险。

1. 资本性支出的分类

资本性支出，主要分为两类。

（1）固定资产。

①新建资产。新建资产的资本性支出，包括基建、设备购置、设备安装及相应的其他建设管理费用。这类项目有的时候跨度较大，所以预算期金额很多时候不能严格按照年份确定，而应当根据项目的工程进度进行计算。

②修补或升级原有资产。对原有资产进行修补或者升级，同样包括基建、设备购置、设备安装及相应的其他建设管理费用。这类项目也会出现工程量过大而在某个单独年份无法完成的情况，所以预算期金额也应当根据项目的工程

进度进行计算。

（2）无形资产。

无形资产的支出，主要包括专利权、专有技术等申请而产生的费用。这类支出通常具有不确定性，所以除非有特别明确的项目，一般按照分类直接预计。

2. 资本性支出资金需求量预算的原则

资本性支出不同于单纯的原材料采购支出，它可能会涉及企业经营的各个方面，所以对于其编制应由工程技术、计划、财务、采购、生产等部门的人员共同参加，以便减小资本性支出资金需求量预算错误发生的可能性。

尤其对于企业未来影响较大、投资规模较大的资本性支出，例如对建设办公大楼等重资产投入，必须进行严格的程序审批，并经由董事会批准才能执行。

（1）首先，资本性支出资金需求量预算的编制者应与该预算的审批者分离。

（2）为了避免主观成分对资本性支出资金需求量预算产生影响，应当由独立职员对资本性支出资金需求量预算的各种数据和资料及预算意见进行复核。

（3）对于重点投资项目、预算金额较大的资本性支出，如果有必要，企业高层应邀请与投资利益无关的第三者（如专门的咨询机构、工程技术人员、会计师等）对资本性支出资金需求量预算进行研究与评价。必须经过相关专家出具书面意见书，经企业高层批准后才能通过这一资本性支出资金需求量预算。资本性支出资金多数不会产生收益，所以必须形成书面文件，并编号归档控制，便于日后控制支出总额和追查责任。

3. 资本性支出资金需求量预算的计算

对于比较重要的一些资本性支出，我们可以按以下方式进行计算。

（1）项目预算期完工金额。

①如果是跨年的项目，可以根据完工进度预计，计算公式如下：

项目预算期完工金额 = 项目总金额 × 预计预算期完工进度 − 以前年度累计完工金额

②如果是当年即可完成的项目，计算公式如下：

$$项目预算期完工金额 = 项目总金额$$

（2）预算期付款金额预算。

①项目的付款额一般会与完成进度相关，其计算公式如下：

预算期付款金额 = 期初采购未付款 × 预计付款比例 1 + 新增资产预算期金额 × 预计付款比例 2

②购置资产付款金额计算公式如下：

预算期付款金额 = 期初采购未付款 × 预计付款比例 1 + 预算期购置金额 × 预计付款比例 2

（3）期末未付款预算。

期末未付款预算计算公式如下：

期末未付款 = 期初未付款 + 项目预算期完工金额 + 预算期购置金额 − 预算期付款金额

（4）固定（无形）资产总额。

固定（无形）资产总额计算公式如下：

固定（无形）资产总额 = 期初固定（无形）资产总额 + 预算期项目投入运营金额 + 预算期购置金额 + 其他方式新增资产 − 预算期资产转出（报废）金额

4.1.6 融资方案制定及资金成本预算

进行融资，是企业获得现金支持的重要途径。在此之前，我们要进行资金成本的预算，确定我们需要融资的数额是多少，避免太少的融资数额对企业现金流没有帮助，太多的融资数额稀释股份，交出企业经营权。

1. 融资方案的制定

首先，我们要确定融资的途径。以下几类融资方案是较为常见的。

（1）股东直接投资。股东投资，是最常见、最快捷的融资方案，是一种直接投资的形式，包括政府授权投资机构入股资金、国内外企业入股资金、社会团体和个人入股资金以及基金投资公司入股资金。当投资方认为企业具备长远发展的能力，就会快速对企业进行投资。

（2）股票融资。股票是股份有限公司发放给股东作为已投资入股的证书和索取股息的凭证。企业需要进行上市，按照国家相关规定进行股票买卖，股票是一种可作为买卖对象或质押品的有价证券。

（3）政府投资。如果企业的发展方向是当前政策鼓励的新兴产业，如大数据、人工智能、AI 物流等，那么很有可能获得当地政府投资的机会。政府投资资金包括各级政府的财政预算内资金、国家批准的各种专项建设基金等，这种投资不一定是以现金形式，还可以是土地支持、税收支持等，主要用于市场不能有效配置资源的经济和社会领域。

根据企业的实际情况，我们应确定适合企业自身的融资渠道，然后进行资金成本的预算，分析企业需要的融资数额是多少。

2. 资金成本的预算

在进行资金成本的预算时，我们需要根据企业的实际需求计算具体数额。对于涉及融资的重点内容要进行严格计算，从而做出正确判断。

（1）融资的基本原则。

①收益与风险相匹配原则。融资的目的是给企业带来现金流，提升企业的经济效益，实现股东利益最大化。在融资前，要根据本次融资能够给企业带来的最终收益进行预测，确认融资可以带来收益，否则融资就是无意义的。

②融资规模量力而行原则。融资规模不是越大越好。融资过多，一方面会造成资金闲置浪费，增加融资成本，或者可能导致企业负债过多，企业的债务风险加剧；另一方面，涉及股份的融资还会导致股东的股份不得不被稀释，降低对企业的控制权。所以，一定要按照实际情况进行合理的融资。

③测算融资期限适宜原则。企业融资按照期限来划分，可分为短期融资和

长期融资。企业究竟是选择短期融资还是长期融资，主要取决于融资的用途和融资成本等因素。

（2）重点数据的计算。

①备付金比例 = 备付金余额 ÷ 各项存款余额 × 100% − 法定存款准备金比例（标准：不得低于3%）

备付金包括现金、业务周转金、缴存存款准备金、存放农业银行款项、存放其他同业款项、存放联社款项。

②资产流动性比例 = 流动性资产期末余额 ÷ 流动性负债期末余额 × 100%（标准：不得低于25%）

流动性资产是指资产负债表上的流动资产，流动性负债是指资产负债表上的流动负债。

③存贷比例 = 各项贷款余额 ÷ 各项存款余额 × 100%（标准：年末不得高于80%）

④流动负债依存率 = 流动负债净额 ÷ 长期资产 × 100%（标准：不得高于30%）

$$流动负债净额 = 流动负债 − 流动资产$$

长期资产是指资产负债表上的长期资产。

⑤中长期贷款比例 = 一年期以上中长期贷款余额 ÷ 一年期以上存款余额 × 100%（标准：不得高于120%）

一年期以上中长期贷款是指资产负债表上的中长期贷款，一年期以上存款是指资产负债表上的长期存款和长期储蓄存款。

通过对以上数据的计算，我们就可以确定本次融资需要的资金量是多少、融资比例是多少，从而进行精准融资。

4.1.7　资金预算考核方案设计

当各项资金预算完成编制后，接下来需要对预算进行考核，确认预算是否存在漏洞、是否满足企业的生产、是否具有合理性和科学性。对资金预算进行考核，是对预算的重新梳理与分析，最终敲定预算方案。所以，必须建立完善的考核机制，对预算进行细致分析。

1. 考核方案的基本原则

想要保证考核方案的科学和严谨，就要遵循以下几个原则。

（1）标准性原则。预算考核的目的是实现企业的战略目标，保证企业现金流与营运资本的健康，所以，在企业预算考核体系的设计中，应遵循标准性原则，以考核、引导各预算执行单位的行为，确保企业的整体利益。例如，采购部门只考虑到价格问题，忽视了采购预算中涉及的原材料是本企业无法生产的，这就违反了标准性原则。只顾局部利益，不顾全局利益，这样的预算自然是无效的。

（2）可控性原则。预算考核必须公开、公正和公平，每一个部门都有相应的职责范围，对于编制的预算是可以控制的，而不是在未来的实际工作中频繁出现预算不足的现象。为了保证这一点，预算应实行"责、权、利"的统一，未来如果出现预算明显偏差，编制预算的部门负责人必须承担相应责任。

（3）动态性原则。企业的发展是在时刻变化的，所以预算考核要讲究时效性，实行动态考核，如季度考核、半年度考核、不定期考核等。一旦发现预算与实际经营出现明显偏差，要立刻启动追责机制，并进行灵活调整，保证企业经营的正常推进。

对于非人为造成的不可控例外事件，例如市场的变化、产业环境的变化、相关政策的改变、重大自然灾害和意外损失等，考核应当进行特殊处理，及时按程序调整预算，考核也应该按调整后的预算指标进行。

（4）公平公开原则。预算考核必须保证公平，对相同的绩效给予相同的评价。考核标准要在执行前公布，考核的最终结果也要在企业内部进行展示。

2. 预算考核的流程与重点

对于预算考核，要按照流程进行，并对重点部分进行着重分析。预算考核的流程与重点如图 4.1-1 所示。

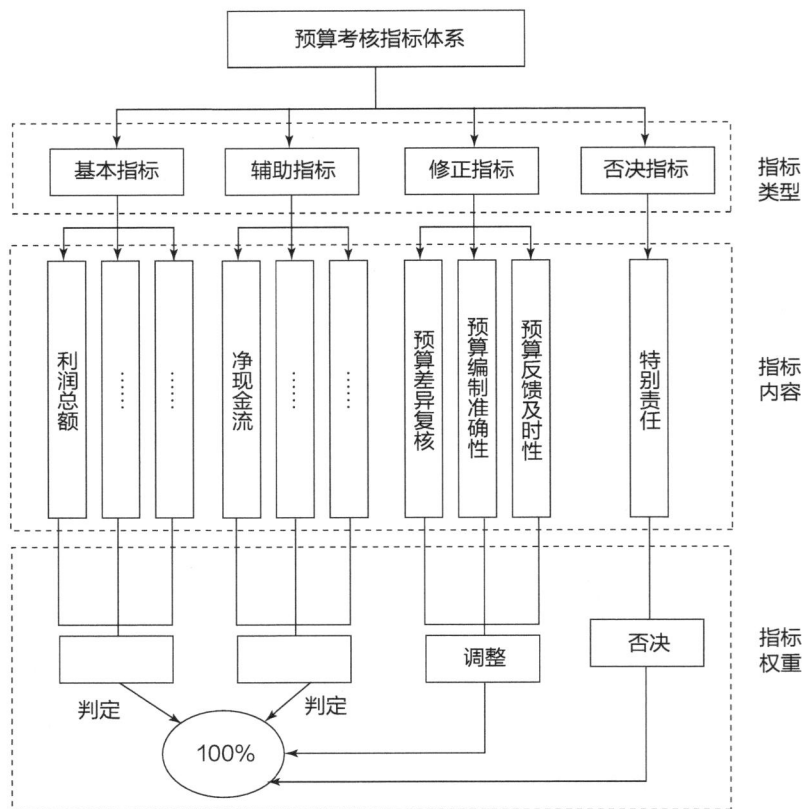

图 4.1-1　预算考核的流程与重点

基本指标既体现经营目标和发展战略，也体现预算的核心目标。

辅助指标延伸基本指标考核的内容，以囊括经营活动的全貌，也是其他预算目标的体现。

修正指标主要包括预算差异复核、预算编制准确性和预算反馈及时性三个方面。通过期末预算工作检查，预算管理委员会和全面预算工作小组评分确定修正系数。

否决指标是责任主体必须完成的，且对公司经营效益和长远发展有重大影响的特别责任事项。未完成否决指标则对前述综合考核结果进行全部否决。

权重分割原则：两次分割、重要性及可操作原则。

首先在基本指标和辅助指标之间进行权重分割，其次在每一类指标中再区分核心指标和其他指标。

最后分别对××本部、事业部、控股子公司以及公司整体按重要性原则设定权重：基本指标权重 > 辅助指标权重，核心指标权重 > 其他指标权重。权重比例尽可能方便计算和衡量，可以适当采用平均分配方法。

4.1.8　资金预算奖励方案

资金预算是企业管理的核心内容之一，直接决定了未来企业的现金流和营运资本是否能够满足企业需求。越精准的资金预算，越有利于企业把握现金流的走向，保证宝贵的现金用于企业发展，不会造成浪费或不足。所以，对于资金预算，要建立奖励方案，鼓励每一个部门都进行精准的预算编制。

1. 合理的奖励机制

最能激励员工工作积极性的，自然是工资与奖金。所以，资金预算奖励可以与工资奖金挂钩，实行动态薪资体系。实际工作中：如果部门的现金支出与预算完全一致，可以享受规定的奖金福利；如果现金支出低于预算，那么能够享受更高的奖金福利。通过这种方式，员工无论在预算制定还是实际工作中都会保持严谨、认真的态度，努力获得企业的奖励。

对于部门经理来说，还要提供其他预算奖励。

（1）职位升迁和精神激励。一旦满足企业的预算规定，员工即可获得升职的机会。

（2）财务激励。企业在给予员工奖金的同时，还可以提升年薪级别；如果员工连续多次预算非常精准，有机会获得企业的股票期权。

（3）机会奖励。企业提供更加丰富的个人展示平台，包括讲座、线上课堂和高端培训等，以帮助员工获得更高的社会地位。

2. 适当的处罚机制

有了奖励机制，也要建立适当的处罚机制，这样才能保证预算的责任划分。通常来说，需要遵循部门经理负全责，谁算量谁负责，谁核算谁负责，谁做标书谁负责，谁做预算谁负责的原则，保证每一个环节的责任都可以追溯到个人。

对于个人原因产生的预算偏差，如果造成重大损失，严重影响企业的现金流，那么撤销经理职务，工资酌情降低，并对其他相关人员予以罚款。只有完善的机制，才能保证预算人员真正投入工作，确保每一个环节没有漏洞，预算符合部门与企业的需求。

4.2 资金分析管理

想要保证现金流健康，营运资本符合企业发展现状，就必须对资金进行有针对性的分析，保证其处于合理值区间。

4.2.1 资本融资能力分析

想要顺利实现融资，首先我们要确定企业的资本融资能力。

1. 融资能力指标的分析

首先，我们要分析企业融资能力的重要指标。

（1）企业当期有效资产。分析企业当期的有效资产。其中，对于固定资产要注明是否为通用设备及变现难易程度，对于无形资产（土地使用权、专利权等）要注明入账价值、评估价值及变现难易程度。

（2）资产负债率。资产负债率的计算公式为：

$$资产负债率 = 总负债 \div 总资产 \times 100\%$$

处于正常经营的企业，考虑到风险，资产负债率通常要低于75%，其余25%用来考虑风险缓冲和变现成本。资产负债率越高，偿债能力越差。当资产负债率大于95%时，基本上可视为资不抵债，意味着很难获得融资。

（3）企业可控资产。企业可控资产的计算公式为：

$$可控资产 = 有效资产 - 负债 - 或有负债$$

可控资产越多，意味着企业经营的健康度越高，融资能力就会越强。

（4）流动资产分析。重点分析流动资产与销售是否相匹配，注明分析的方法。流动资产包括应收账款、其他应收款、存货、预付款项等。如果流动资产很少，但销售情况较好，意味着企业的应收账款过多，很有可能坏账率较高，不利于融资。

（5）负债情况。分析企业负债的主要构成，包括长期负债、流动负债等。

以上五个指标是所有金融机构最关注的五个部分，必须针对这些内容进行优化、调整，才能提升企业的融资能力。

2. 融资渠道的分析

企业融资的渠道主要为内部融资、商业信用融资、银行借款，针对渠道的特点，我们也可以分析企业自身的融资能力。

（1）内部融资。所谓内部融资，是指企业筹集并利用自身经营活动产生的资金来对项目进行投资，也就是用自己的钱投资。能否实现内部融资，主要在于确认项目自身能否创造现金流。企业要分析目标投资项目产生的现金流入是否达到融资需求，即将投资项目流入的现金与投资额比较。

如果这一点可以满足，那么就意味着企业通过内部即可完成融资，这是最佳的融资方式。

（2）商业信用融资。商业信用融资，即通过金融机构进行融资，具有融资期限较短的特点。商业信用融资的资金，一般用于企业日常运营，不适用于固定资产的投资项目，金融机构通常不会批准投资项目的融资。

金融机构对企业进行分析时，主要考核的是企业应收款总额与应付款总额之间的差额。差额越大，意味着企业信用度越高，金融机构提供融资的可能性与额度就会越大，这是企业应当注意的。

（3）银行借款。银行分析企业是否具备融资能力时，主要考查的是长短期借款的分配。若企业主要是借短期还短期，反映了资本运作的频繁，企业的现金流较高，具备较强的融资能力。但需要注意的是：如果短期借款主要用于大型固定资产的投资，银行会认为该企业实际经营活动产生的利润有限，因此融资的成功率就会大大降低。

4.2.2 债务风险防范能力分析

企业的债务风险防范能力，主要通过以下几个指数进行分析。

1. 资产负债率

企业的资产负债率是衡量债务风险防范能力的第一指标，它可以确认企业利用债权人提供资金进行经营活动的能力，以及反映债权人发放贷款的安全程度。在所有财务报表中，资产负债率都是一项非常重要的内容，金融机构、银行等机构会非常关注该指标。

资产负债率的计算公式如下：

$$资产负债率 = 负债总额 \div 资产总额 \times 100\%$$

对于债权人而言，资产负债率的数值越小，就意味着债权越安全。如果资产负债率达到100%或超过100%，说明企业已经没有净资产或资不抵债，企业将无法获得融资。

但是，对于企业来说，资产负债率一味低并非好事。从经营者的角度来看，资产负债率应当适当高一些，这就意味着企业获得了融资，具备扩大生产规模、开拓市场的能力。在收益率大于债务成本率时，所有者可以获得更多的利益。

2. 已获利息倍数

所谓已获利息倍数，是企业息税前利润相对于所需支付债务利息的倍数，可用来分析企业在一定盈利水平下支付债务利息的能力。

已获利息倍数的计算公式如下：

$$已获利息倍数 = 息税前利润 \div 利息支出$$

在这一公式中，息税前利润的计算公式为：

$$息税前利润 = 利润总额 + 利息支出$$

通常来说，已获利息倍数的数值越高，就意味着企业偿还债务利息的能力越强，偿付债务利息的风险越小。已获利息倍数较高，就意味着企业能够按时、足额地支付债务利息，这就意味着企业可以循环还债，通过借新债还旧债。反之，则意味着企业的利润难以对支付利息提供充分保障，就会使企业失去对债权人的吸引力。

3. 现金流动负债比率

所谓现金流动负债比率，是企业一定时期的经营现金净流量同流动负债的比率，它可以从现金流量角度来反映企业当期偿付短期负债的能力。

现金流动负债比率的计算公式为：

$$现金流动负债比率 = 年经营活动现金流量净增加额 \div 年末流动负债 \times 100\%$$

现金流动负债比率的数值越大，就意味着企业经营活动产生的现金净流量保障企业按时偿还到期债务的能力越强，企业的现金流动没有影响企业的正常业务开展，还可以为企业提供持续性的债务偿还保障。

4. 带息负债比率

所谓带息负债比率，是指企业某一时点的带息负债总额与负债总额的比率。这个数据，会直接反映企业负债中带息负债的比重，在一定程度上会体现企业的偿债压力，尤其是偿还利息的压力。

带息负债比率的计算公式如下：

$$带息负债比率 = 带息负债 \div 负债总额 \times 100\%$$

在这一公式中，带息负债的计算公式如下：

带息负债 = 短期借款 + 一年内到期的长期负债 + 长期借款 + 应付债券 + 应付利息

企业的带息负债比率越低，意味着偿债压力越小，现金流越安全，同时可以获得更多的融资机会。

5. 或有负债比率

或有负债，是指有可能发生的债务。通常来说，这一数据不会在财务报表中反映，也不作为负债登记入账。但是，企业应做好统计，了解企业的债务风险防范能力。

或有负债比率计算公式如下：

$$或有负债比率 = 或有负债余额 \div (所有者权益 + 少数股东权益) \times 100\%$$

在这一公式中，或有负债余额计算公式如下：

或有负债余额 = 已贴现承兑票据 + 担保余额 + 贴现与担保外的被诉事项金额 + 其他或有负债

通常来说，企业或有负债比率数值越小，企业潜在的债务风险就越小。

4.2.3　资金运动效率分析

资金运动，是指资金的形态变化或发生位移。一家面对市场进行经营的企业，资金必须通过不断的运动才能实现增值的目的。资金如果完全没有运动，意味着这家企业没有开展任何生产经营活动，是不符合市场经济下企业标准的。

分析资金运动的效率，可以看到企业的现金流是否健康，营运资本是否合理。一次完整的资金运动流程如图 4.2-1 所示，只有经过这样运动的资金，才会被企业财务人员有效统计，并进入分析流程。

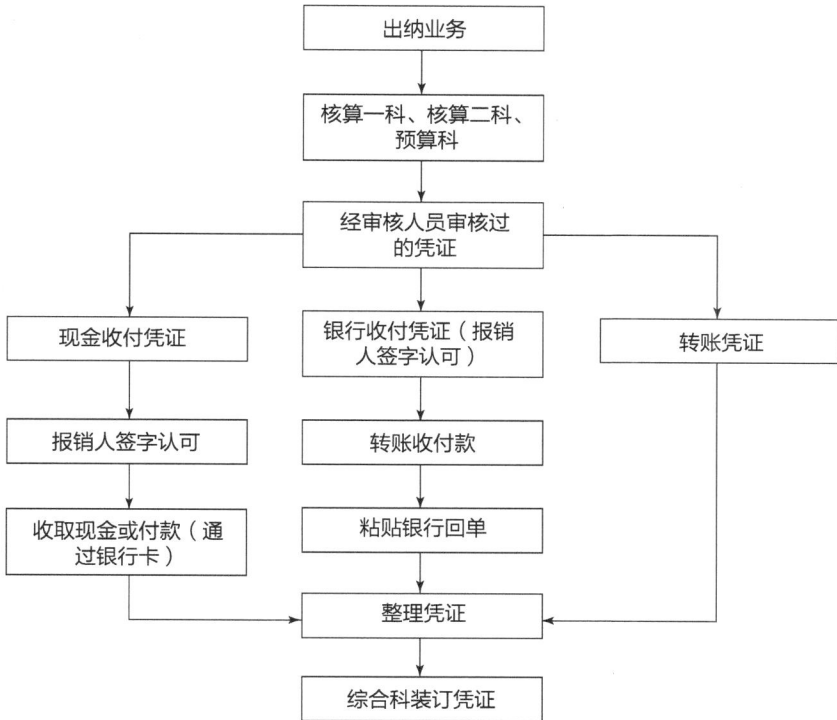

图4.2-1　资金运动的流程

可以看到，资金运动必须有相应的转账记录、收付凭证等，这样才能利于统计。财务人员必须做好流程的规范，保证可以查到每一笔资金运动的记录。

资金运动包含三个要素，即资金运动的流向、流量和流速。这三个要素，决定了资金的运动效果，即资金运动效率。而资金运动效率，又由个别运动效率、协同运动效率和整体运动效率三个指标组成。它们的计算公式分别为：

个别运动效率＝一段时间内某资金本环节流入总量÷该时间内预计该资金需求总量

协同运动效率＝一段时间内某资金下一环节流量÷该时间内该资金本环节流入总量

整体运动效率＝一段时间内某资金实现价值回收的部分÷该时间内该资金本环节流入总量

个别运动效率是指一段时间内从外部或者其上一环节流入总量与总需求量的比值；协同运动效率是指资金由其所属部门向其下一环节（部门）转化的效率；整体运动效率是指某资金最终转化为企业绩效（价值回收）的效率。

通过对这三个指标的分析，我们可以确定某个部门的资金运动效率，实现从二维到立体的评价。三个指标之中，个别运动效率和协同运动效率，能体现该资金从进入企业经过各种形式的转化直到该资金退出企业时的运动速度。而通过整体运动效率，则能够分析企业在某个阶段内所有资金的流动效率比。

企业的资金运动效率越高，意味着现金流的速度越快。正常情况下，资金每经过一次运动，都会实现增值，回笼的资金又可用于生产。资金如此往复地运动，周而复始，企业价值正如"雪球"一般越滚越大。所以，企业的资金运动效率越高，那么企业价值提高的效率也会越高，资金运动效率的高低直接影响企业的绩效好坏。

4.2.4　流动资金周转速度

流动资金周转，是指流动资金从货币形态依次通过储备阶段、生产阶段、销售阶段又回到货币形态的循环，是周而复始流动资金的周转。分析流动资金周转速度和效率，可以确认企业的现金是否得到了良好的使用。

根据流动资金周转速度，我们可以分析企业流动资金的周转效率，它被称为流动资金的周转率。围绕周转率，我们可以开展各种分析管理。

1. 周转次数

所谓周转次数，是指一定时期内流动资金完成的周转次数。它的计算公式为：

周转次数＝周转额÷流动资金平均占用额

这一公式中，流动资金平均占用额的定义为：一定时期内企业、单位各种流动资产的价值的平均占用量，分为定额流动资金平均占用额和全部流动资金平均占用额。

在正常经营过程中，企业一定时间内占用流动资金的平均余额较少，而完成的周转总额较多，就意味着流动资金的周转速度非常快，周转次数很多，企业可以通过较少的流动资金完成较多的生产任务，这是企业健康发展的体现。

2. 周转天数

周转天数，是指流动资金周转一次所需天数（即周转期）。它的计算公式为：

周转天数 = 计划期日数 ÷ 周转次数 = 流动资金平均占用额 × （计划期日数 ÷ 周转额）

企业可以将其与过去的周转天数进行对比。如果周转天数缩短，表明流动资金周转速度加快，企业的现金流得到了有效利用。

3. 周转率

流动资金周转率的计算公式如下：

流动资金周转率 = （产品销售收入 ÷ 平均流动资产）× （12 ÷ 累积月数）

对于周转率，不同行业、不同企业没有绝对统一的标准，只有将这一指标与企业历史水平、其他企业或同行业平均水平相比才有意义。与过去的周转率相对比：如果数值过低，说明营运资本使用率太低，很有可能出现销售不足的情况；如果周转率过高，则意味着资本不足，处于业务清偿债务危机之中。

4. 流动资金周转速度对不同人的意义

流动资金周转速度对不同的人，会有不同的意义。

（1）对于股东：通过对资产运用效率分析，股东可以判断企业财务安全性及资产的收益能力是否过硬，以此调整投资决策。

（2）对于债权人：通过对资产运用效率分析，债权人可以确定企业的债权保障能力，从而进行相应的信用决策。

（3）对于经营者：通过对资产运用效率分析，企业的实际经营者可以发现闲置资产和利用不充分的资产，对闲置资产进行合理利用，提升资产利用效率，以此改善经营业绩。

4.2.5 速动比率、DSO

速动比率、DSO 等各类资金指标，也是企业进行资金分析管理的重要内容。

1. 速动比率

所谓速动比率，是指企业速动资产与流动负债的比率。速动资产是企业的流动资产减去存货和预付费用后的余额，主要包括现金、短期投资、应收票据、应收账款等项目。通过对速动比率的计算，我们可以衡量企业将流动资产立即变现用于偿还流动负债的能力。

速动比率的计算公式为：

$$速动比率 = 速动资产 \div 流动负债 \times 100\%$$

速动比率数值越高，偿还流动负债的能力越强。但超过一定的限度，可能会降低资产的利用效果。一般情况下速动比率为 1 时，表明企业既有良好的债务偿还能力，又有合理的流动资产结构。

2. DSO

DSO，即企业销售变现天数（days sales outstanding），是单独考核信用销售即赊销情况的指数。

DSO 表示每笔应收账款的平均回收天数，即把赊销转化为现金所需要的时间，它的计算公式为：

$$DSO = 应收账款 \div 当年总销售额 \times 365$$

通过对 DSO 的计算，企业可以看到与客户达成的赊销合作在实际收回所有的赊销产生的应收账款平均需要的天数。为了保证数据的精准，实际应用中，通常使用季度、半年或一年平均法计算 DSO，进一步细化 DSO。而不同客户之间的 DSO 对比，可以作为客户信用等级确定的重要参考。对于信用管理部门，DSO 是衡量其工作效果的重要指标，可以从侧面反映企业应收账款管理的效率。

例如，针对某企业某年上半年的销售情况，财务部门与信用管理部门进行了 DSO 统计，数据如表 4.2-1 所示。

表 4.2-1 某年上半年销售与回款

	1 月	2 月	3 月	4 月	5 月	6 月
总销售额（元）	620 000	476 000	558 000	600 000	434 000	630 000
未收账款（元）	25 000	30 000	85 000	120 000	310 000	600 000

通过数据我们可以计算上半年的 DSO 为：

$$(25\,000 + 30\,000 + 85\,000 + 120\,000 + 310\,000 + 600\,000) \div (620\,000 + 476\,000 +$$
$$558\,000 + 600\,000 + 434\,000 + 630\,000) \times 181 = 64 \ （天）$$

其中，4—6 月的 DSO 为：

$$(120\,000 + 310\,000 + 600\,000) \div (600\,000 + 434\,000 + 630\,000) \times 91 = 56 \ （天）$$

如果企业的平均信用期限为 30 天，那么说明前 6 个月的贷款回收推迟了 34（64 − 30）天。4—6 月虽然贷款回收也推迟了 26（56 − 30）天，但比前 6 个月的 DSO 又提前了 8 天。这说明 4—6 月的账款回收速度快于 1—3 月，企业赊销正向好的方向发展。

4.2.6 资本固化率

所谓资本固化率，即被固化的资产占所有者权益的比重。被固化的资产，是指固定资产净值。它的计算公式如下：

资本固化率 =（资产总计 − 流动资产合计）÷ 所有者权益平均余额 × 100%

资本固化率，能够有效反映公司自有资本的固化程度。资本固化率的数值较低说明公司自有资本用于长期资产的数额相对较少；反之，则表明公司自有资本用于长期资产的数额相对较多，公司日常经营所需资金需靠借款筹集。

4.2.7　资金效果分析

进行资金效果分析，就是对企业经营资金和专项资金的来源和运用情况进行分析，确认企业的资金是否得到了合理利用。

1. 资金效果分析的主要内容

对资金效果进行分析，需要从以下几个角度入手。

（1）各类资金平衡情况。企业应分析资金的来源和使用是否达到平衡，资金是否得到有效利用，是否存在过大的资金沉淀情况。财务人员应分析资金的来源与使用是否正常、合理，提出对企业财务状况的总评价。

（2）固定资金使用状况。固定资金使用状况包括以下几个内容。

①分析固定资金增减变动情况。财务部门针对固定资金期末与期初的差额，分析变动的原因，并要求相关部门说明相关的增减是否合理，尤其对转让、报废、盘亏或损坏的固定资产，要提出处理意见，交由相关部门执行。

②固定资金结构变化情况。对大类固定资产和细分类固定资产进行分析。大类固定资产包括工业生产用固定资产、非工业生产用固定资产、未使用固定资产等；细分类固定资产包括工业生产用固定资产中的房屋、建筑物、动力设备、生产设备、工具仪器等。分析固定资金是否产生结构性的变化，并找到变化的原因，制定改善固定资金结构的方案。

③固定资产折旧情况。

④提出改进固定资产利用的技术组织措施及估计其效果。

（3）流动资金使用状况。流动资金使用状况的分析内容如下。

①定额流动资金运用情况。

②其他流动资金运用情况。

其他流动资金，主要包括发货与结算资金、应收与应付账款、货币资金结存等。其他流动资金是进行资金效果分析的重点内容。

③流动资金利用效果。可通过流动资金周转次数、流动资金周转天数、产值资金率及流动资金利润率等指标，给出恰当的评价。

④提出加速流动资金周转、提高流动资金利用效果的措施，并开展专项会议，确认该措施是否可以达到效果。

（4）专项投资基金运用情况。分析投资资金的使用是否合理，是否带来了预期的经济效益，进而提出改进措施。

2. 编制资金效果分析报告

财务部门需要将资金效果分析形成报告，交给企业高层进行审核，并开展全员大会，根据数据发现问题，提出解决问题的方案。资金效果分析报告如表4.2-2所示。

表4.2-2 资金效果分析报告

单位：万元

类别	分类	序号	项目	期初数	经营期间													期末数
					1月	2月	3月	4月	5月	6月	7月	8月	9月	10月	11月	12月	本年合计	
一、正常经营活动	资金来源	1	经营活动产生的现金来源															
		1.1	销售收入															
		1.2	渠道收入															
		1.3	租金收入															
		1.4	物业费收入															
		1.5	客房收入															
		1.6	停车费收入															
		1.7	纸壳收入															
		1.8	转售收入															
		1.9	其他收入															
		2	占用供应商货款															
		2.1	应付账款															
		2.2	预收账款															
			正常经营活动资金来源小计															

续表

类别	分类	序号	项目	期初数	经营期间													期末数
					1月	2月	3月	4月	5月	6月	7月	8月	9月	10月	11月	12月	本年合计	
一、正常经营活动	资金支出	3	经营活动产生的现金支出															
		3.1	销售成本															
		3.2	转售支出															
		3.3	其他支出															
		3.4	税金（商品销售税金及附加）															
		3.5	销售费用															
		3.6	管理费用（直接费用）															
		3.7	财务费用															
		4	供应商占用我公司资金															
		4.1	应收账款															
		4.2	预付账款															
	正常经营活动资金支出小计																	
正常经营活动资金盈余小计																		
二、投资活动	资金来源	5	投资活动产生的资金来源															
		5.1	实收资本															
		5.2	资本公积															
		5.3	盈余公积															
		5.4	未分配利润（以前年度损益结转）															
	投资活动资金来源小计																	
	资金支出	6	投资活动产生的资金支出															
		6.1	流动资产投资															
		6.2	长期股权投资															
		6.3	固定资产投资															
		6.4	在建工程投资															
		6.5	无形资产投资															
		6.6	新店开业筹备投资															
	投资活动资金支出小计																	
投资活动资金盈余小计																		

续表

类别	分类	序号	项目	期初数	经营期间												本年合计	期末数
					1月	2月	3月	4月	5月	6月	7月	8月	9月	10月	11月	12月		
三、融资活动（银行）	资金来源	7	融资活动产生的资金来源															
		7.1	兴业银行															
		7.2	中信银行															
		7.3	光大银行															
		7.4	……															
		7.5	……															
		7.6	……															
		7.7	……															
		7.8	……															
			融资活动资金来源小计															
	资金支出	8	融资活动产生的资金支出															
		8.1	兴业银行															
		8.2	中信银行															
		8.3	光大银行															
		8.4	……															
		8.5	……															
		8.6	……															
		8.7	……															
		8.8	……															
			融资活动资金支出小计															
	资金盈余	9	融资活动产生的资金盈余															
		9.1	兴业银行															
		9.2	中信银行															
		9.3	光大银行															
		9.4	……															
		9.5	……															
		9.6	……															
		9.7	……															
		9.8	……															
			融资活动资金盈余小计															

类别	分类	序号	项目	期初数	经营期间												本年合计	期末数
					1月	2月	3月	4月	5月	6月	7月	8月	9月	10月	11月	12月		
四、筹资活动（单位）	资金来源	10	筹资活动产生的资金来源															
		10.1	××单位															
		10.2	……															
		10.3	……															
		10.4	……															
		10.5	……															
		10.6	……															
		10.7	……															
		10.8	……															
		10.9	……															
		10.10	……															
			筹资活动资金来源小计															
	资金支出	11	筹资活动产生的资金支出															
		11.1	××单位															
		11.2	……															
		11.3	……															
		11.4	……															
		11.5	……															
		11.6	……															
		11.7	……															
		11.8	……															
		11.9	……															
		11.10	……															
			筹资活动资金支出小计															
	资金盈余	12	筹资活动产生的资金盈余															
		12.1	××单位															
		12.2	……															
		12.3	……															

续表

类别	分类	序号	项目	期初数	经营期间													期末数
					1月	2月	3月	4月	5月	6月	7月	8月	9月	10月	11月	12月	本年合计	
四、筹资活动（单位）	资金盈余	12.4	……															
		12.5	……															
		12.6	……															
		12.7	……															
		12.8	……															
		12.9	……															
		12.10	……															
			筹资活动资金盈余小计															
五、			资金盈余															
		1	货币资金															
		2	交易性金融资产															
		2.1	……															
		2.2	……															
		2.3	……															
六、			累计资金盈余															

4.2.8 EVA 分析

EVA，即经济增加值（economic value added）。EVA 分析法受到全球多数企业的青睐。EVA 指标的创新之处就在于：全面考虑了企业的资本成本，同时从企业价值增值这一根本目的出发，所以对企业业绩的评价也更加精准，是企业进行资金分析管理过程中重要的指标之一。

EVA 分析的基本方法为：

$$经济增加值 = 税后利润 - 资本费用$$

其中：税后利润 = 营业利润 - 所得税税额

经济增加值中的税后利润和资本费用包含的内容。

公式中资本费用 = 总资本 × 平均资本费用率，其中：

平均资本费用率＝资本或股本费用率×资本构成率＋负债费用率×负债构成率

EVA 的本质是企业经营产生的"经济"利润。它的核心，就是对企业的利润进行非常精准的考核。只有当企业实现的利润在扣除包括权益资本在内的所有资本成本之后仍然有剩余，才能说明企业获利。反之，企业不仅没有产生利润，包括股东在内的权益都会有所损失。所以，EVA 分析是一种更加以利益为侧重点的企业经营业绩评价模式。简而言之：当投资回报多过资本成本时，就是创造了价值；当投资回报少于资本成本时，就是破坏了价值。

4.2.9　资金作业成本分析

资金作业成本分析，是针对企业资源进行的分析。企业资源涵盖了企业所有价值载体，包括物料、能源、设备、资金和人工等。

资金作业成本主要指的是为了产出作业或产品而发生的费用支出。所谓作业，就是指企业为了某一目的而进行的耗费资源的工作。作业，是资金作业成本管理的核心要素。

进行资金作业成本分析，要按以下步骤进行。

1. 调研：了解企业的运作过程

要对企业的运作过程进行详细调研，理清企业的成本流动次序和导致成本发生的因素，了解各个部门对成本的责任，这是进行资金作业成本分析的前提。

2. 认定：掌握作业流程

企业的资金作业成本往往非常分散，尤其当企业规模不断扩大、生产线不断增加时，作业成本就更加零散。所以，我们需要绘制企业的生产流程图，将企业的各种经营过程以网络的形式表现出来，每一个流程都分解出几项作业，最后将相关或同类作业归并起来。

同时，企业还应当召开全体员工大会，员工对自己的工作进行描述并汇总，从一线了解到资金作业成本的组成。两种方法应当同步进行，这样资金作业成本的汇总将会更加精准，加速资金作业成本管理的实施。

3. 建立成本库：按照同质的成本动因将相关的成本入库

确定了资金作业成本的组成后，接下来需要建立成本库，按照同质的成本动因，将成本进行归类。每个成本库可以归集人工、直接材料、机器设备折旧、管理费用等。企业产生了多少作业成本动因，就要建立多少个成本库。根据不同成本库对资金进行分析并重新分配，这是优于传统成本计算的独特之处。

4. 设计模型

企业要设计资金作业成本的模型，主要内容为企业资源、作业和成本对象的确定，包括它们的分类，与各个组织层次的关系，各个计算对象的责任主体，资源作业分配的成本动因，资源到作业的分配关系，作业到产品的分配关系建立。

5. 通过软件进行计算统计

资金作业成本的内容非常丰富，需要大量的计算，所以企业应通过软件工具进行作业，完成复杂的计算任务。

6. 运行分析

确定了合理的软件后，将各种数据输入，进行运行分析，发现问题并进行处理。

第 5 章
现金流量的量化计算与分析

　　现金流量的管理，必须以客观事实为根据，即采用能够量化的数字来管理。所以，企业财务人员必须掌握现金流量的计算方式和分析方式，找到企业曾经的问题、当下的特点、未来的趋势。根据计算和分析，我们就可以确认企业需要解决的问题是什么，需要多少现金流量才能维持正常运转。

5.1 企业活动的现金流量计算

对于企业的现金流量，我们要从经营活动、投资活动、筹资活动三个方面进行精准的计算，让现金流量的运行更加安全。

5.1.1 经营活动现金流量的计算

经营活动现金流量，是指企业投资活动和筹资活动以外的所有的交易和事项产生的现金流量。这是企业最重要的现金流量，直接关系着企业的生产活动开展与各类应收账款的入账。

经营活动中的现金流量，包括现金销售、税费返还等，这些属于现金流入；工资支出、产品采购、税费支出等，这些属于现金流出。对于这些现金流量，我们要逐一进行计算，形成翔实数据。经营活动现金流量的内容与计算方式如表 5.1-1 所示。

表 5.1-1　经营活动现金流量计算表

项目		内容及填列方法
1. 销售商品、提供劳务收到的现金	内容	（1）本期销售商品和提供劳务本期收到的现金 （2）前期销售商品和提供劳务本期收到的现金 （3）本期预收的商品款和劳务款等 （4）本期收回前期核销的坏账损失 （5）本期发生销货退回而支付的现金（从本项目中扣除）
	计算	销售商品、提供劳务收到的现金 = 营业收入 + 本期发生的增值税销项税额 + 应收账款（期初余额 – 期末余额）（不扣除坏账准备）+ 应收票据（期初余额 – 期末余额）+ 预收款项（期末余额 – 期初余额）– 本期由于收到非现金资产抵债减少的应收账款、应收票据的金额 – 本期发生的现金折扣 – 本期发生的票据贴现利息（不附追索权）+ 收到的带息票据的利息 ± 其他特殊调整业务

续表

项目	内容及填列方法
2. 收到的税费返还	反映企业收到返还的各种税费。如收到的减免增值税退税、出口退税、减免消费税退税、减免所得税退税和收到的教育费附加返还等。按实际收到的金额填列
3. 收到其他与经营活动有关的现金	反映企业除上述各项目外，收到的其他与经营活动有关的现金。包括企业收到的罚款收入、属于流动资产的现金赔款收入、经营租赁的租金和押金收入、银行存款的利息收入等

项目		内容及填列方法
4. 购买商品、接受劳务支付的现金	内容	（1）本期购买商品、接受劳务本期支付的现金 （2）本期支付前期购买商品、接受劳务的未付款项 （3）本期预付的购货款 （4）本期发生购货退回而收到的现金应从购买商品或接受劳务支付的款项中扣除
	计算	购买商品、接受劳务支付的现金 = 营业成本 + 存货（期末余额 − 期初余额）（不扣除存货跌价准备）+ 本期发生的增值税进项税额 + 应付账款（期初余额 − 期末余额）+ 应付票据（期初余额 − 期末余额）+ 预付款项（期末余额 − 期初余额）− 本期以非现金资产抵债减少的应付账款、应付票据的金额 + 本期支付的应付票据的利息 − 本期取得的现金折扣 + 本期毁损的外购商品成本 − 本期销售产品成本和期末存货中产品成本中所包含的不属于购买商品、接受劳务支付现金的费用（如未支付的工资、职工福利费和制造费用中除材料以外的其他费用）± 其他特殊调整业务
5. 支付给职工以及为职工支付的现金	内容	反映企业实际支付给职工以及为职工支付的现金。包括本期实际支付给职工的工资、奖金、各种津贴和补贴等，为职工支付的养老、失业等社会保险基金、补充养老保险，企业为职工支付的商业保险金、住房公积金，支付给职工的住房困难补助，以及企业支付给职工或为职工支付的福利费用等 该项目不包括支付给离退休人员的各种费用
	计算	支付给职工以及为职工支付的现金 = 本期产品成本及费用中的职工薪酬 + 应付职工薪酬（除在建工程人员工资）（期初余额 − 期末余额）
6. 支付的各项税费	内容	反映企业实际支付的各种税金和支付的教育费附加、矿产资源补偿费等。不包括支付的计入固定资产价值的耕地占用税等
	计算	支付的各项税费 = "应交税金"各明细账户本期借方发生额累计数 + "其他应交款"各明细账户借方数 + "管理费用"中"税金"本期借方发生额累计数 + "其他业务支出"中有关税金项目即：实际缴纳的各种税金和附加税，不包括进项税

续表

项目		内容及填列方法
7. 支付其他与经营活动有关的现金	内容	反映企业除上述各项目外，支付的其他与经营活动有关的现金。如罚款支出、支付的差旅费、经营租赁的租金、业务招待费现金支出、支付的保险费、支付给离退休人员的各种费用等
	计算	支付其他与经营活动有关的现金 = 管理费用中除职工薪酬、未支付现金的费用外的费用（即支付的其他费用）+ 制造费用中除职工薪酬和未支付现金的费用外的费用（即支付的其他费用）+ 销售费用中除职工薪酬和未支付现金的费用外的费用（即支付的其他费用）+ 财务费用中支付的结算手续费 + 其他应收款中支付职工预借的差旅费 + 其他应付款中支付的经营租赁的租金 + 营业外支出中支付的罚款支出等

5.1.2　投资活动现金流量的计算

投资活动现金流量，是指企业长期资产（通常指一年以上）的购建及其处置产生的现金流量，包括购建固定资产、长期投资和处置长期资产而产生的现金支出和收入。它包括的内容与计算方式如表 5.1-2 所示。

表 5.1-2　投资活动现金流量计算表

项目	内容及填列方法
1. 收回投资收到的现金	反映企业出售、转让或到期收回除现金等价物以外的交易性金融资产、可供出售金融资产、长期股权投资（除处置子公司及其他营业单位）以及收回持有至到期投资本金而收到的现金。包括转让收益，但不包括收到的现金股利和利息 计算公式： 收回投资收到的现金 =（短期投资期初数 − 短期投资期末数）+（长期股权投资期初数 − 长期股权投资期末数）+（长期债权投资期初数 − 长期债权投资期末数） 该公式中，如期初数小于期末数，则在"投资支付的现金"项目中核算
2. 取得投资收益收到的现金	反映企业因各种投资收到的现金股利、利润和利息等 计算公式： 取得投资收益收到的现金 = 利润表投资收益 −（应收利息期末数 − 应收利息期初数）−（应收股利期末数 − 应收股利期初数）

项目	内容及填列方法
3. 处置固定资产、无形资产和其他长期资产收回的现金净额	反映企业处置固定资产、无形资产和其他长期资产而收到的现金，减去处置资产而支付的有关费用后的净额。包括固定资产等因损失而收到的保险赔款等 计算公式： 处置固定资产、无形资产和其他长期资产收回的现金净额 = 固定资产清理的贷方余额 +（无形资产期末数 – 无形资产期初数）+（其他长期资产期末数 – 其他长期资产期初数）
4. 处置子公司及其他营业单位收到的现金净额	反映企业处置子公司及其他营业单位收到的现金，减去相关税费以后的净额
5. 收到其他与投资活动有关的现金	反映企业除上述各项目外，收到的其他与投资活动有关的现金。如收到的属于购买时买价中所包含的现金股利或已到付息期的利息等
6. 购置固定资产、无形资产和其他长期资产支付的现金	反映企业购买、建造固定资产，购买无形资产和其他长期资产所支付的现金。该项目不包括资本化的借款利息、融资租入固定资产所支付的租赁费以及分期付款购建固定资产除第一期外其他各期支付的款项，这些项目在筹资活动产生的现金流量中反映 计算公式： 购建固定资产、无形资产和其他长期资产支付的现金 =（在建工程期末数 – 在建工程期初数）（剔除利息）+（固定资产期末数 – 固定资产期初数）+（无形资产期末数 – 无形资产期初数）+（其他长期资产期末数 – 其他长期资产期初数） 该公式中，如期末数小于期初数，则在"处置固定资产、无形资产和其他长期资产收回的现金净额"项目中核算
7. 投资支付的现金	反映企业进行各种投资（除取得子公司及其他营业单位）所支付的现金。但不包括购买股票和债券时，买价中所包含的已宣告发放但尚未领取的现金股利或已到付息期但尚未领取的利息等，这些现金支出应在投资活动中"支付其他与投资活动有关的现金"项目中反映 计算公式： 投资支付的现金 =（短期投资期末数 – 短期投资期初数）+（长期股权投资期末数 – 长期股权投资期初数）（剔除投资收益或损失）+（长期债权投资期末数 – 长期债权投资期初数）（剔除投资收益或损失） 该公式中，如期末数小于期初数，则在"收回投资收到的现金"项目中核算
8. 取得子公司及其他营业单位支付的现金净额	反映企业取得子公司及其他营业单位支付的现金
9. 支付其他与投资活动有关的现金	反映企业除上述各项目外，支付的其他与投资活动有关的现金。如购买股票和债券时，支付的买价中所包含的已宣告发放但尚未领取的现金股利或已到付息期但尚未领取的利息等

5.1.3　筹资活动现金流量的计算

筹资活动现金流量，指导致企业资本及债务的规模和构成发生变化的活动所产生的现金流量。它包括的内容与计算方式如表5.1-3所示。

表5.1-3　筹资活动现金流量计算表

项目	内容及填列方法
1. 吸收投资收到的现金	反映企业收到的投资者投入的现金。包括发行股票收到的股款净额（发行收入－券商直接从发行收入中扣除的发行费用）、发行债券收到的现金（发行收入－银行等直接从发行收入中扣除的发行费用） 企业发行股票时由企业直接支付的评估费、审计费、咨询费以及发行债券支付的印刷费等发行费用，不能从本项目中扣除
2. 取得借款收到的现金	反映企业本期实际借入短期借款、长期借款所收到的现金。但本期偿还借款支付的现金不能从本项目中扣除
3. 收到其他与筹资活动有关的现金	反映企业除上述各项目外，收到的其他与筹资活动有关的现金
4. 偿还债务支付的现金	反映企业以现金偿还短期借款、长期借款和应付债券的本金。该项目不包括偿还的借款利息、债券利息
5. 分配股利、利润或偿付利息支付的现金	反映企业实际支付的现金股利、利润和支付的借款利息、债券利息等
6. 支付其他与筹资活动有关的现金	反映企业除上述各项目外，支付的其他与筹资活动有关的现金。如支付的筹资费用、支付的融资租赁费、分期付款购建固定资产除第一期外其他各期支付的款项等

5.2　分析企业偿债能力

企业是否具有较好的偿债能力，会直接影响到现金流与营运资本的管理。偿债能力较好，现金流自然运转较好；反之，现金流则有可能出现频繁断裂的情况。企业偿债能力从静态来看，就是用企业资产清偿企业债务的能力；从动态来看，就是用企业资产和经营过程创造的收益偿还债务的能力。

5.2.1 企业偿债能力包含的要素

企业偿债能力，主要包含以下几个因素。

1. 企业财务状况

企业财务状况直接决定了企业的偿债能力，对企业偿债能力的客观分析，可以了解到企业目前的债务情况、经营情况，并通过对比观察企业财务发生变动的能力。企业经营情况越好，偿债能力就会越强；反之，偿债能力就会越弱。所以，企业首先要做好财务状况的分析，帮助企业所有者、经营者，了解企业经营状况，对企业债务偿还制定符合现状的计划。

2. 企业财务风险

企业想要进行借贷举债，前提是能够进行偿还。如果企业不能按时偿还所付债务的本息，那么连借贷都无法进行，存在着资金调度不灵的情况，之前的债务，很有可能因为企业倒闭破产而无法偿还。所以，企业偿债能力，要与企业的收益和风险对等，保证负债的规模控制在一定限度内，即企业能够以足够的现金或随时可以变现的资产及时足额偿还所欠债务。如果负债规模已经大大超过变现的资产，就意味着企业的偿债能力非常弱。

3. 企业财务活动

企业筹集资金的时间与数量，既取决于生产经营情况，也受制于债务偿还情况。对到期债务，可以用企业自有资金偿还，也可以是借新债还旧债。因此，通过对企业偿债能力的分析，可以准确了解企业当前的现金与可变现资产状况。如果企业的财务活动健康，现金流流转较快，就意味着企业的偿债能力较强。

需要注意的是：企业的偿债能力是动态数据，会根据债务情况发生变化。企业的偿债能力分为短期偿债能力和长期偿债能力，它们也会不断变化。长期负债在一定期限内将逐步转化为短期负债，因此，长期负债得以偿还的前提是企业具有较强的短期偿债能力，短期偿债能力是长期偿债能力的基础。如果企业短期偿债能力弱，就意味着企业的经营存在明显问题，导致长期借贷也会存在风险，对企业的融资会产生消极影响。

5.2.2　企业偿债能力计算

企业偿债能力的计算，主要通过流动比率、现金比率、资本周转率、清算价值比率和利息支付倍数等几个指标进行。

1. 流动比率

流动比率，表示每1元流动负债有多少流动资产作为偿还的保证。它的计算公式如下：

$$流动比率 = 流动资产合计 \div 流动负债合计 \times 100\%$$

流动比率，可以反映公司流动资产对流动负债的保障程度。通常情况下，流动比率的数据越大，说明公司短期偿债能力越强。该指标通常在200%左右为一个较为健康的数值。

流动比率主要侧重于公司的短期偿债能力，所以对该指标进行分析时，还应结合存货的规模大小、周转速度、变现能力和变现价值等指标进行综合分析。如果某一公司流动比率很大，但其存货规模大，周转速度慢，那么也有可能造成短期偿债能力较弱的现象。

例如，某上市公司的流动比率达207.98%，看起来具有较强的债务偿还能力。然而该公司年底发布的财务报告显示：公司存货期末余额高达1.06亿元，存货周转率为1.33次。这说明该公司存在存货周转速度慢、变现能力相对较弱的现象，对于短期债务，该公司存在较大的偿债压力，债务风险较大。所以，流动比率往往侧重于对短期债务的计算。

2. 现金比率

现金比率，表示每1元流动负债有多少现金及现金等价物作为偿还的保证。

它的计算公式如下：

$$现金比率 = (货币资金 + 短期投资) \div 流动负债合计 \times 100\%$$

现金比率同样侧重于对短期债务的分析，它是公司可用现金及易变现资产清偿流动负债的能力体现。现金比率的数值越大，则公司短期偿债能力越强。

在进行短期债务能力分析时，应结合使用现金比率与流动比率。例如，某公司的现金比率为25.2%，并不是一个很大的数字；但是，它的流动比率达到了214%，这说明该公司流动资产变现性较好，总体的短期偿债能力较强。流动比率与现金比率同样较大，那么公司短期偿债能力自然很强；如果二者都为较小的数值，这说明短期债务具有较大的风险。

3. 资本周转率

资本周转率，表示可变现的流动资产与长期负债的比例，它的计算公式如下：

$$资本周转率 = (货币资金 + 短期投资 + 应收票据) \div 长期负债合计$$

资本周转率主要反映公司长期债务的偿还能力。通常情况下，资本周转率的数值越大，表明公司的长期偿债能力越强，债权的安全性越好。

长期负债的偿还期限较长，所以在使用资本周转率计算偿债能力时，还应考虑到公司长远的现金流入量和未来的经营规划方向。如果公司的资本周转率很大，但是未来的发展并不乐观，例如技术已经明显落后、其他竞争对手已经抢夺到未来市场的主要份额，就意味着未来会出现现金流入骤减的情况。那么，公司实际的长期偿债能力将变弱。

4. 清算价值比率

清算价值比率，表示企业有形资产与负债的比例，它的计算公式如下：

$$清算价值比率 = (资产总计 - 无形及递延资产合计) \div 负债合计 \times 100\%$$

清算价值比率反映公司清偿全部债务的能力。通常情况下，清算价值比率的数值越大表明公司的综合偿债能力越强。在使用清算价值比率计算公司的偿债能力时，还需要考虑有形资产的质量及市场需求情况。如果公司有形资产的变现能力弱，例如主要设备淘汰后不存在继续销售的可能性，则公司的综合偿债能力就会受到影响，那么公司的偿债能力则会下降。

5. 利息支付倍数

利息支付倍数，表示息税前利润对利息费用的倍数，它的计算公式如下：

$$利息支付倍数 =（利润总额 + 财务费用）÷ 利息费用$$

利息支付倍数反映公司负债经营的财务风险程度。通常情况下，利息支付倍数的数值越大，表明公司偿付借款利息的能力越强，负债经营的财务风险就小。

5.3　自由现金流计算与分析

对自由现金流进行计算和分析，可以进一步明确企业现金流量的安全性。

5.3.1　什么是自由现金流

从内涵上说，自由现金流是指企业在持续经营的基础上除了在库存、厂房、设备、长期股权等类似资产上所需投入外，企业能够产生的额外现金流量。也就是说，所谓"自由"是强调它必须扣除必需的、受约束的支出，自由现金流是指可以让不同的价值类型的对象受益的最大现金流量。

这种自由不是随意支配，而是相对于已经扣除的受约束支出而言有更大的自由度，其实"自由"是一种剩余概念，是做了必要扣除后的剩余。

从外延上判断，自由现金流的分类方法很多。在企业价值评估中，由于评估对象以及委托人所要求的价值类型的不同，现金流的计算口径也不同。

5.3.2 自由现金流计算口径及公式

文件规定"应当根据评估对象价值类型的不同,区分企业整体价值、股东全部权益价值和股东部分权益价值",因此,现金流量的计算应当与评估对象价值类型的口径相匹配。

根据评估对象价值类型,自由现金流可分为企业投资资本现金流量、企业股权现金流量和企业的部分股权现金流量。

1. 企业投资资本现金流量

如果评估对象的价值类型是企业的投资资本的价值,即通常所说的企业整体资产的价值,则对应的是企业投资资本现金流量。企业投资资本现金流量是指扣除了税收、必要的资本性支出和营运资本增加后,能够支付给所有的清偿权者(债权人和股东)的现金流量。也就是在企业股权现金流量的基础上再加上债权人的收益流量,公式如下。

企业投资资本现金流量 = 息税前利润 × (1 − 所得税税率) + 折旧及摊销 − 资本性支出 − 营运资本净增加额

2. 企业股权现金流量

如果评估对象的价值类型是股东全部权益价值,即通常所说的企业的股权价值,则对应的是企业股权现金流量。

企业股权现金流量是指满足债务清偿、资本性支出和营运资本等所有的需要之后剩下的可作为股利发放的现金流量。

也就是说,企业获得的现金首先必须满足企业必要的生产经营活动及其增长的需要,剩余部分才能提供给所有投资人(包括债权人和所有者),由于债权人的求偿权排在所有者之前,所以股权现金流量还要在企业投资资本现金流量的基础上再扣除与债务相联系的现金流量,公式如下。

企业股权现金流量 = 息税前利润 × (1 − 所得税税率) + 折旧及摊销 − 资本性

支出－营运资本净增加额＋（新增有息负债－偿还有息负债本金）

3. 企业的部分股权现金流量

如果评估对象的价值类型是股东部分权益价值，原则上应按计算股东全部权益价值所对应的企业的股权现金流量折算企业的部分股权现金流量，但应当注意，股东部分权益价值并不必然等于股东全部权益价值与股权比例的乘积。评估股东部分权益价值，应当在适当及切实可行的情况下考虑由于控股权和少数股权等因素产生的溢价或折价。

5.3.3 自由现金流各因素指标的预测方法

自由现金流的具体预测方法有以下6个，如图5.3-1所示。

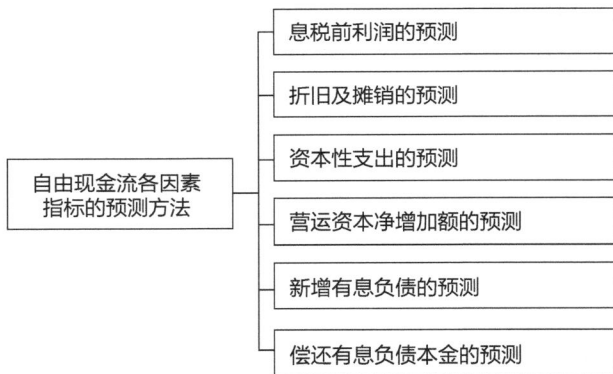

图 5.3-1 自由现金流各因素指标的 6 个预测方法

1. 息税前利润的预测

所谓息税前利润是企业的利润总额与财务费用之和。

预测企业的利润总额，应当从委托方或相关当事方获取对被评估企业未来经营状况和收益状况的预测信息，并进行必要的分析、判断和调整，确认相关预测的合理性。

在对被评估企业收益预测进行分析、判断和调整时，应当充分考虑并分析被评估企业资本结构、经营状况、历史业绩、发展前景和被评估企业所在行业相关经济要素及发展前景，收集被评估企业所涉及交易、收入、支出、投资等业务合法性和未来预测可靠性的证据，充分考虑未来各种可能性发生的概率及其影响，应避免采用不合理的假设。

对财务费用的预测，应当基于评估基准日各种贷款余额以及预测收益年期内资金筹措计划新增贷款，按照相应的贷款利率进行计算。

2. 折旧及摊销的预测

折旧及摊销是指在预测利润时已经扣减的在各预测期内提取的固定资产折旧和长期资产（无形资产、递延资产）摊销数额。

折旧及摊销虽然属于抵税项目，但是本期并未支付现金，故应加回。预测时应注意折旧及摊销是由两部分组成的：一是对评估基准日现有的存量资产（固定资产和长期资产）应分别按企业会计计提折旧和摊销方法测算；二是对评估基准日后的增量资产，可将达产期的第二年作为预测提取的开始日期测算，具体新增资产可结合"资本性支出的预测"数据测算。

3. 资本性支出的预测

资本性支出主要是企业对生产场地、生产设备、管理设备以及生产经营中资产正常更新的投资，主要包括三个部分，具体如图5.3-2所示。

图5.3-2 资本性支出三个部分

这三个部分可以根据企业更新改造计划、未来发展计划、可行性研究报告、项目建议书等内容，并且假设项目实施的可能性等进行预测。

另外，在预测资本性支出时应当考虑减去无息长期负债。之所以要扣除无息长期负债，是因为购置支出的一部分现金由无息长期负债提供，而这部分负债是在预测收益年期外的将来支出的，它相当于企业预测收益年期内的现金流入。

4. 营运资本净增加额的预测

所谓营运资本是指非现金流动资产和无息流动负债的差额。非现金流动资产主要包括应收账款、其他应收款、存货、预付账款等。无息流动负债包括应付账款、应付职工薪酬、应交税金、其他应付款等。在预测时应分析以上流动负债是否附带利息条件，因为有息流动负债是融资现金流量的内容，不属于"生产经营活动"范围，要从流动负债中扣除。营运资本净增加额的计算公式如下。

营运资本净增加额 = 增加的非现金流动资产 - 增加的无息流动负债

5. 新增有息负债的预测

有息负债增加，意味着企业举借了新的债务，对于股东来说则是增加了可供支配的现金流量，所以作为现金流入。有息负债数额可结合财务费用预测数据分析确定。

6. 偿还有息负债本金的预测

有息负债减少，意味着企业偿还了债务，对于股东来说则是减少了可供支配的现金流量，所以作为现金流出。偿还有息负债本金可根据预测收益年期内资金筹措计划相关数据确定。

5.3.4 收益年期以及企业终值的预测

收益期限可分为有限期限和无限期限两种情况。在企业价值评估实践中，评估的价值前提都是企业的持续经营。因此，收益年期可以设定为无限年期，不考虑企业的终值。

但是，对于一些特殊的企业，收益年期应当设定为有限年期，如外商投资企业的收益年期取决于其批准的法定经营年期，此时多采用两阶段现金流折现模型进行评估，即预测有限年期的折现值加上企业的终值，或叫剩余值，该剩余值在一定情况下可以是企业终止经营时的清算价值。而测算终值的最佳途径是将企业终止经营时点的资产变现价值资本化。

5.4　分析经营活动现金净流量中存在的问题

所谓经营活动现金净流量，是指一定时期内，现金及现金等价物的流入（收入）减去流出（支出）的余额（净收入或净支出），反映了企业本期内净增加或净减少的现金及现金等价物数额。通过对现金净流量的分析，我们可以看到企业目前的财务状况，对企业现金流的计算具有非常重要的意义。现金净流量的计算公式为：

现金净流量＝净利润＋折旧＝（营业收入－相关现金流出－折旧）×（1－所得税税率）＋折旧

但在实际工作中发现，对经营活动现金净流量的分析，存在以下亟待解决的问题。

1. 数值出现负数

部分企业进行经营活动现金净流量计算时，发现最终数据为负数，认为是某处计算出现差错，刻意追求正数。事实上，这是一种错误的思维。如果现金净流量为负数，说明该企业亏损，经营的现金收入不能抵补有关支出，商业信用不佳。这就意味着，企业如果急需要大量资金进行生产，又需要不断开拓市场，那么就需要通过举债、融资等筹资活动来筹集资金，企业具有较大的经营风险，可以认为企业处于衰退期。

数值的不正常，也会在企业经营中明显体现：企业的市场萎缩，产品销售的市场占有率下降，经营活动现金流入小于流出，同时企业为了偿还债务不得不大规模收回投资以弥补现金的不足。所以，一旦发现现金净流量出现负数，必须从企业经营、现金流管理入手解决问题。

2. 忽视投资活动现金净流量

从广义上来讲，企业的经营活动不仅包括生产经营活动，还包括投资活动、筹资活动等，它们都会对现金流和营运资本产生影响。

但是很多企业在进行现金净流量统计时，往往只关注具体的生产经营活动现金净流量，忽视了投资活动的现金净流量，导致现金流量计算始终与实际情况存在明显偏差。比如，当前一些上市公司可能主营业务是制造或外贸，但其较大比重的资产却是对外投资，投资可能成了该公司利润和投资活动现金净流量的主要来源，其经营活动现金净流量可能一直为负，但投资活动现金净流量可能很大。所以，在进行现金净流量计算时，也要将投资活动的现金净流量纳入计算体系。

第6章
企业营运资本管理

　　企业的正常运转，离不开营运资本做支撑。营运资本即为企业经营过程中需要使用到的现金，我们需要找到现实存在的风险，并提出精准的解决方案。同时，我们还要掌握营运资本筹资的技巧，根据企业实际情况，结合未来的发展战略，让营运资本始终处于一个健康的状态。

6.1　营运资本概述

想要管理好营运资本，首先，我们要了解营运资本的概念和特征，以及它会对企业产生的意义。

6.1.1　营运资本的概念

营运资本，又被称作"运用资金"，它是企业流动资产总额减流动负债总额后的净额，即企业在经营中可供运用、周转的流动资金净额。

营运资本与流动资产和流动负债息息相关，二者发生变化，那么营运资本也会发生相应的增减变化。例如：当流动负债不变时，流动资产的增加就意味着营运资本的增加；流动资产的减少就意味着营运资本的减少。如果流动资产不变，流动负债增加，就意味着营运资本减少。只有当流动资产和流动负债同时变化，二者抵销后的净额才是营运资本的增减净额。

所谓流动资产，是指可以在一年内的正常营业周期内变现或运用的资产，流动资产具有占用时间短、周转快、易变现等特点。企业拥有较多的流动资产，可在一定程度上降低财务风险。流动资产在资产负债表上主要包括以下项目：货币资金、应收票据、应收账款、预付款项、存货和其他可以迅速变现的流动资产。

而流动负债，是指需要在一年内的正常营业周期内偿还的债务。流动负债又称短期融资，具有成本低、偿还期短的特点，必须认真进行管理，否则，将使企业承受较大的风险。流动负债主要包括以下项目：短期借款、应付票据、应付账款、应付职工薪酬、应交税费等。

营运资本的计算公式为：

$$营运资本 = 流动资产 - 流动负债$$

对流动资产和流动负债进行进一步的细化，该公式可以拓展为：

营运资本 = 流动资产 - 流动负债 = （总资产 - 非流动资产）-（总资产 - 所有者权益 - 长期负债）=（所有者权益 + 长期负债）- 非流动资产 = 长期资本 - 长期资产

计算营运资本的主要目的，就是用来衡量企业的短期偿债能力。营运资本的数额越大，说明企业的短期偿债能力越强，对于支付义务的准备越充足。反之，如果营运资本的数值为负数，那么就说明这是一家流动资产小于流动负债的企业，可能随时因资金周转不灵而中断运营。所以，企业要根据自己的规模、发展趋势，确定合理的营运资本。

6.1.2 营运资本的特征

营运资本，具有以下几个特征。

1. 营运资本的周转具有短期性

占用在流动资产上的资金，周转一次所需时间较短，通常会在一年或一个营业周期内收回，对企业影响的时间比较短。根据这一特点，营运资本可以用商业信用、银行短期借款等短期筹资方式筹集。

2. 营运资本的实物形态具有易变现性

短期投资、应收账款、存货等流动资产一般具有较强的变现能力，如果遇到意外情况，企业出现资金周转不灵、现金短缺情况时，便可迅速变卖这些资产，以获取现金。这对财务上满足临时性资金需求具有重要意义。

3. 营运资本的数量具有波动性

营运资本的数量会随企业内外条件的变化而变化，时多时少，波动很大。

季节性企业如此，非季节性企业也如此。随着流动资产数量的变动，流动负债的数量也会相应发生变动。

4. 营运资本的实物形态具有变动性

企业营运资本的实物形态是经常变化的，一般在现金、材料、在产品、产成品、应收账款、现金之间按顺序转化。企业筹集的资金，一般都以现金的形式存在；为了保证生产经营的正常进行，必须拿出一部分现金采购材料，这样，有一部分现金转化为材料；材料投入生产后，在产品尚未最后完工脱离加工过程以前，便形成在产品和自制半成品；当在产品和自制半成品进一步加工完成后，就成为准备出售的产成品；产成品经过出售，有的可直接获得现金，有的则因赊销而形成应收账款；经过一定时期以后，应收账款通过收现又转化为现金。总之，营运资本每次循环都要经过采购、生产、销售过程，并表现为现金、材料、在产品、产成品、应收账款等具体形态。为此，在进行营运资本管理时，必须在各项营运资本上合理配置资金数额，以促进资金周转顺利进行。

5. 营运资本的来源具有灵活多样性

企业筹集长期资金的方式一般比较少，只有吸收直接投资、发行股票、发行债券、银行长期借款等方式；而企业筹集营运资本的方式却较为灵活多样，通常有银行短期借款、短期融资券、商业信用、应交税金、应付职工薪酬、应付费用、预收货款、票据贴现等。

6.1.3 营运资本管理的意义

营运资本是企业生产连续的链条，是企业持续经营的保障。只有有效地管理营运资本，才能提高资金的使用效率。营运资本管理的意义，主要侧重于以下几个方面。

1. 对企业流动资产及流动负债进行管理

一个企业要维持正常的运转就必须要拥有适量的营运资本，因此，营运资本管理是企业财务管理的重要组成部分。据调查，企业财务经理有 60% 的时间都用于营运资本管理。要做好营运资本管理，必须解决好流动资产和流动负债两个方面的问题。

（1）企业应该投资多少在流动资产上，即资金运用的管理，主要包括现金管理、应收账款管理和存货管理。

（2）企业应该怎样进行流动资产的融资，即资金筹措的管理，包括银行短期借款的管理和商业信用的管理。

2. 提高营运资本的经营效率

随着销售和经营规模的扩大，应收账款、存货和应付账款也同步增加，这时就须筹集资金。企业通过长短期资金的有机配合，流动资产和流动负债的期限匹配，以及用好因销售扩大而形成的自发性短期融资（主要指商业信用），可大大提高营运资本的经营效率。

3. 合理确定营运资本的需要数量

企业营运资本的数量与企业生产经营状况有直接关系。当企业产销两旺时，流动资产会不断增加，流动负债也会相应增加；而当企业产销量不断减少时，流动资产和流动负债也会相应减少。因此，企业财务人员应认真分析生产经营状况，采用一定的方法预测营运资本的需要数量，以便合理使用营运资本。

4. 提高资金利用效率

营运资本周转是指企业的营运资本从现金投入生产经营开始，到最终转化为现金的过程。在其他因素不变的情况下，加速营运资本周转，也就相应地提高了资金利用效率。

5. 保证企业有足够的短期偿债能力

流动资产、流动负债以及二者之间的关系能较好地反映企业的短期偿债能力。流动负债是在短期内需要偿还的债务，而流动资产则是在短期内可以转化为现金的资产。因此，如果一个企业的流动资产比较多，流动负债比较少，说明企业的短期偿债能力较强；如果一个企业的流动资产比较少，流动负债比较多，则说明企业的短期偿债能力较弱。但如果企业的流动资产太多，流动负债太少，也并不是正常现象，这可能是流动资产闲置、流动负债利用不足所致。在营运资本管理中，合理安排流动资产和流动负债的比例，能够既节约使用资金，又保证企业有足够的短期偿债能力。

6. 提供临时性的资金需求

企业如果遇到意外情况，例如资金周转不灵、现金短缺时，便可迅速通过营运资本的运作，迅速变卖这些资产以获取现金。这对财务上满足临时性资金需求具有非常重要的意义。

6.2　营运资本的管理原则

想要对营运资本进行合理管理，要遵循以下三个基本原则。

6.2.1　对风险和收益进行适当的权衡

在财务管理学中，风险总是同收益联系在一起的。企业发展的目的是获得收益，增加营运资本，保障企业的正常运转。企业借助营运资本产生收益，势必面对各种风险，包括营运风险、筹资风险、投资风险等。保证风险与收益的适当平衡，这样才能实现企业的利益最大化，提高营运资本的安全性。

1. 筹资活动中的风险与收益的权衡

筹资，会给企业带来新的现金流，提升营运资本可控性。但是，筹资也会带来风险，规模过大的筹资会造成资金过剩而降低筹资收益，规模过小的筹资则会导致企业生产经营活动无法正常开展。

想要实现筹资的风险与收益均衡，首先，企业要树立正确的筹资风控观念，结合企业的实际情况进行筹资，综合考虑筹资风险、资金成本和其他约束条件，并将资金筹集和资金投向结合起来考虑，力求以最低的筹资风险和资金成本获得最大的投资收益。例如，通过某金融机构筹资，其指定的利息过高，那么就必须降低这个渠道的筹资额度，避免未来因为偿还贷款而影响企业的正常运营。

企业的筹资途径主要有两类：第一类是所有者投资，如发行股票、认股权证等；第二类是负债，如发行债券、银行借款、短期融资券等。

投资型筹资相对来说安全性更高，不存在还本付息问题，可长期使用、自由支配，它的风险主要为时间较长、使用效益不确定；而负债型筹资，则具有速度较快的特点，风险则在于要按期偿还利息和本金，企业要承担偿债压力的风险。建议在筹资时，权衡各种筹资方式的风险和收益，进行组合式融资，以降低风险，而不是仅仅依靠某一类特定的渠道进行筹资。

2. 投资活动中风险与收益的权衡

投资是增加企业营运资本非常快捷的方式。根据投资方向不同，投资可以分为对内投资和对外投资。项目投资，即为对内投资，它的目的是为生产经营提供必要的物质条件，以谋取经营收益。

对内投资是企业基本的工作，它的风险在于外部经济环境和内部经营情况易发生变化，从而使得收益呈现明显波动。例如，企业准备进行某化工厂投资，但当地随后出台环保措施，相关项目被叫停，这就导致了对内投资的失败，经营风险增大，营运资本没有获得应有的回报。所以，企业在选择对内投资项目时，要分析、预测项目投资未来现金流量，权衡风险和收益，进行项目的全方位考核评价，选择对企业最为有利的投资项目。

对外投资的风险，主要取决于被投资企业的经营状况和财务状况。如果被投资企业经营状态良好，那么企业投资就会取得收益；反之，营运资本的投资效果则会被大幅度削弱。对外投资的风险高，但是收益率也高，所以企业在决定对外投资前，必须根据与直接投资收益有关的历史资料计算投资收益的期望值、标准差和变化系数等指标来预测直接对外投资风险。

进行投资风险识别后，面对可能存在的风险，企业要制定相应的风险预防与控制机制。企业应运用杠杆原理，协调经营风险与筹资风险。对于风险较大但收益率较高的投资项目，应在较低的程度上使用筹资杠杆，采用筹资杠杆程度有限的融资组合，从而控制企业的总风险。

3. 收益分配活动中风险与收益的权衡

收益分配是企业一次财务循环的最后一个环节，同样具有一定的风险性。它的风险，主要是股利分配政策是否合理，股利分配政策运用是否合适，股利分配是否可以满足投资人的利益需求。如果风险把控不当，很容易导致投资人对企业发展失去信心，直接造成企业架构的改变。所以，对于收益分配，也要注意风险的把控。在进行收益分配时，企业要注意股利分配政策的制定，既要考虑企业自身的发展需要，同时也要兼顾投资人的利益，进而实现收益分配活动中风险与收益的平衡。

6.2.2　重视营运资本的合理配置

营运资本配置，即对流动资产与流动负债配比。在实际经营过程中，做好营运资本的合理配置，能有效防止流动负债"击穿"流动资产，让流动资产始终保持在一个较为健康的水平。

通常来说，流动资产与流动负债的比率应在 2:1 以上，2:1 表示流动资产是流动负债的 2 倍，即使流动资产有一半在短期内不能变现，也能保证全部的流动负债得到偿还。该比率越高，企业的短期偿债能力越强。

当然，企业为了发展，不可能一味地增加流动资产，让现金流长时间呆滞，而是需要让流动资产不断产生收益，这才是企业发展的目的。流动比率过高，即流动资产相对于流动负债太多，说明企业可能出现了存货积压的现象，或是过多现金没有得到有效利用，或是两种情况都有。无论出现哪一种情况，都说明企业的经营不善，存货管理能力不足，资金利用率低。

同时，现实中，一些流动比率较高的企业，偿还短期债务的能力并不一定就很强。因为流动资产之中虽然现金、有价证券、应收账款变现能力很强，但是存货、待摊费用等也属于流动资产，这些资产存在变现时间较长的问题，尤其是存货，很容易出现积压、滞销、残次等情况，导致流动性较差。

对于计算出来的流动比率，需要与同行业的平均流动比率、本企业历史流动比率进行对比，才能确认其数值是否合理。如果发现数值与同行业和历史数值的差异过大，就要分析流动资产和流动负债所包括的内容以及经营上的因素。通常来说，流动资产中的应收账款和存货的周转速度是影响流动比率的主要因素。

需要注意的是：流动比率虽然能够显示营运资本的配比，但是不可仅依赖这一数据判断营运资本是否健康。原因如下。

1. 无法评估未来资金流量

流动比率各项要素仅仅是一个数字，只代表企业在某一特定时刻一切可用资源及需偿还债务的状态或存量，不能体现未来资金的流动性。换而言之，它不具备未来的参考性，与未来资金流量并无因果关系，不可用当前的配置套用未来。

2. 未反映企业资金融通状况

增加流动资产，是为了提升企业现金流，避免出现现金短缺现象。但事实上，现金属于非获利性或获利性极低的资产，一般企业均应尽量减少现金数额。事实上，通常有许多企业在现金短缺时转向金融机构借款，此项资金融通的数额，未能在流动比率的公式中得到反映，不能反映企业的负债情况，必须引起重视。

3. 应收账款具有偏差性

企业的应收账款往往处于循环使用的阶段，除非企业进行清算，应收账款经常保持相对稳定的数额。所以，它并不是分析未来现金净流入的可靠指标。在分析流动比率时，要考虑企业的销货条件、信用政策及其他有关因素，否则如果将应收账款作为未来现金流入量的重要参考，以此加大流动资产的数额，就会产生非常明显的偏差。

6.2.3　加速营运资本周转

对于营运资本的管理，重要的原则就是加速周转，保证现金流处于不断循环之中，这样才能持续产生利润，提升企业抵御风险的能力。

1. 加强流动负债用于长期资产的管理

通常来说，营运资本的周转时间与收益成反比。营运资本周转时间越长，流动资产占比越低，流动负债占比越高。

如果企业将短期借款用于长期负债的偿还，会导致一个现象的产生：增加了企业的成本，减少了企业周转中的营运资本，直接导致企业经济效益的下降。尤其当企业频繁使用短期借款偿还长期负债时，意味着企业在短时间内产生了大量的负债，一旦进入债务偿还集中期，企业会面临难以承受的压力。

所以，企业在生产过程中，要尽量少将流动资产占压在长期资产上。如果企业有较多的闲置资金，那么不妨购买有价证券进行合理利用。一方面有价证券具有投资功能，购买有价证券可以获取一定的利息；另一方面有价证券的变现能力较强，可以随时卖出。需要注意的是：在购买有价证券时，应选择收益具有一定保障的有价证券，不能片面追求高收益率。

2. 加快现金的周转速度

营运资本不是一成不变的，在循环过程中的不同阶段，营运资本会以占压原材料、应收账款、产成品等各种形式出现。如果可以加快现金的周转速度，就能相应地扩大资产的投入，用相同的资金完成更大规模的生产，取得更好的经济效益。以下两个方面，是加快现金周转速度的关键。

（1）加强对应收账款的管理。加强对应收账款的回收管理，随之关注应收账款的动态，要针对每一个客户设立应收账款台账，每天都要记录各个客户应收账款的发生、增减变动、余额及账龄等财务信息。对于每一个客户，企业都应委派专人跟进应收账款的管理，应加大催收力度，保证应收账款快速回到企业账户。此外，还可以采取让利、出售等不同方式将应收账款变现，以减少坏账损失和加速现金周转。

（2）加强对存货的管理。加强对存货的管理，就是为了减少原材料、在产品和产成品上的资金占压。企业应当对存货质量状况进行分析，摸清存货情况，对不同种类存货采取相应的措施加以控制。尤其对不合格、滞销时间过长的存货，要尽快选择合理渠道进行处理，避免其长时间占用库房造成资本的浪费，最大限度地降低损失。

3. 保持一定的现金持有量

通常来说，流动性强的资产，其获利能力较弱；流动性弱的资产，其获利能力较强，但占用金额大，风险也较大。如何让现金持有量保持在一个较低的水平，同时又不会影响到企业的日常经营，这是营运资本管理的重要课程，也是难点之一。企业财务部门应根据自身经营管理的特点确定一个合理的现金余额目标，保证企业在拥有一定现金持有量的基础上，加快资金的周转速度。

6.3　经营周期与现金周期

部分企业认为：经营周期与现金周期完全一致，因为二者都是从采购材料、生产产品到售出产品的一个周期，现金周转是其中的一个过程。但事实上，二者还是有所区别的。做好经营周期与现金周期的规划，才能提高营运资本周转的效率。

6.3.1 经营周期与现金周期的区别和联系

所谓经营周期，是指企业从外购承担付款义务，到收回因销售商品或提供劳务而产生的应收账款的这段时间。它的计算公式为：

$$经营周期 = 存货周转天数 + 应收账款周转天数$$

经营周期，决定了企业对流动资产的需求量。经营周期越短，说明企业对应收账款和存货的管理越成功。简而言之，经营周期就是指从取得存货开始到销售存货并收回现金为止的时间。

现金周期，又被称作现金循环周期，它是指企业在经营中从付出现金到收到现金所需的平均时间。

企业的现金周期，会决定企业资金使用效率。美国学者法里斯（Farris）教授在自己的专著中明确说明：现金周期缩短是企业效益提升的一个关键指标。现金周期的计算公式为：

$$现金周期 = 存货周转天数 + 应收账款周转天数 - 应付账款周转天数 = 经营周期 - 应付账款周转天数$$

经营周期与现金周期的计算公式不同，它们所表达的内涵也不同。以企业经营为例，企业的短期经营活动及决策如表 6.3-1 所示。

表 6.3-1 企业的短期经营活动及决策

事件	决策
购买原材料	订购多少存货
支付购货款	借款还是全部使用现金
生产产品	选择什么样的生产技术
销售产品	是否要给客户提供信用政策
收款	如何收款

表 6.3-1 所示的各项经营活动，是企业在日常经营中需要频繁进行的，多数活动都会不断重复。正因为如此，现金流入与流出并非同步，会有不确定的情况出现。企业的正常生产过程如图 6.3-1 所示。

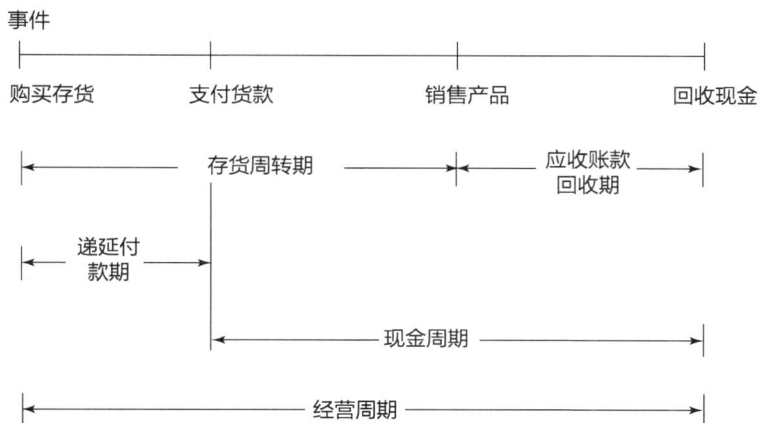

图 6.3-1 企业的正常生产过程

从图 6.3-1 中可以明确看到：现金周期是在经营周期内的，二者并非等同关系。经营周期由两部分组成：第一部分是从采购到出售产品所花的时间，这段时间叫作存货周转期；第二部分是回收应收账款所花的时间，这段时间叫作应收账款回收期。现金周期并没有将递延付款期纳入其中，它等于经营周期与递延付款期之差。

所以，我们可以这样理解二者的关系：经营周期考查的是企业生产经营的过程，而现金周期考查的是企业生产经营过程中现金流入流出的过程。对二者进行同步分析，才能精准确认企业的账期时间和现金流转时间，为购买存货、支付货款等做好计划。

以案例说明：某企业当年的赊销额为 100 000 元，产品销售成本为 60 000 元，有关数据如表 6.3-2 所示。

表6.3-2 某企业的销售表

项目	初期	期末
存货	10 000 元	14 000 元
应收账款	3 200 元	4 800 元
应付账款	5 400 元	9 600 元

要求：计算经营周期和现金周期。

计算步骤：

$$存货周转率 = \frac{产品销售成本}{平均存货} = \frac{60\ 000}{(10\ 000 + 14\ 000) \div 2} = 5（次）$$

$$应收账款周转率 = \frac{赊销额}{平均应收账款} = \frac{100\ 000}{(3\ 200 + 4\ 800) \div 2} = 25（次）$$

$$应付账款周转率 = \frac{产品销售成本}{平均应付账款} = \frac{60\ 000}{(5\ 400 + 9\ 600) \div 2} = 8（次）$$

$$存货周转期 = \frac{365}{存货周转率} = \frac{365}{5} = 73（天）$$

$$应收账款周转期 = \frac{365}{应收账款周转率} = 365 \div 25 = 14.6（天）$$

$$应付账款周转期 = \frac{365}{应付账款周转率} = 365 \div 8 = 45.6（天）$$

通过计算，我们可以确定该企业的经营周期与现金周期。

经营周期 = 存货周转期 + 应收账款周转期 = 73 + 14.6 = 87.6（天）

现金周期 = 经营周期 - 应付账款周转期 = 87.6 - 45.6 = 42（天）

可以看到，这家企业的经营周期与现金周期存在45.6天的差异。如果能够进行优化，让经营周期与现金周期之间的差异缩小，就意味着企业的营运资本周转速度会大大加快。

6.3.2 加速营运资本周转的途径

通过对经营周期与现金周期的对比，我们发现了二者之间的区别与联系。

根据数据，我们要制定有针对性的营运资本策略，利用二者之间的时间差，加速营运资本周转。

1. 缩短存货周转期

存货周转期越短，存货占用资金的水平越低，变现速度越快。我们可以从以下几点入手。

（1）加强财务预算。每年年底或年初，企业财务部门都必须对新一年的库存情况进行预算，根据往年的利润和预计明年能够提高的利润幅度，确定存货周转天数。将这个预算作为一个基础标准，在实际工作中，根据实际情况进行调整。

（2）及时进行财务分析。根据已经确定的预算，企业每个月都要对经营情况进行分析，包括对库存和周转天数的分析。如果发现周转天数明显大于预算的合理天数，就要分析其中的原因，进行事中控制和事后反馈。例如，针对90天以上的库存进行定期清仓处理，对于积压的库存不再采购或可以退货的就退货，尽可能加速库存积压的清理。

如果发现库存较高的原因是销售量的下滑，那么财务部门要将数据及时反馈给市场部门，采用促销活动等加强销售力度，将销售人员的销量与业绩挂钩等，提高销量。

（3）防止客户取消订单。如果存货周转期较长是客户临时取消订单造成的，那么就必须及时启动法律程序，根据双方的约定要求对方按照合同完成合作。这给业务人员提出了要求：所有经济活动的往来不能只口头约定，或者只签意向书，必须签订合同，并写明对方不履行合同要承担的后果，这样才能杜绝客户取消订单的行为。

（4）引入第三方物流。交货期越长，库存自然就会越高，就会降低库存周转效率。如果企业在物流方面并不具备很强的实力，那么不妨引入第三方专业物流公司进行运输。表面上看这种合作增加了一定成本，但事实上如果自己完成运输，或是异地建仓库，又会增加成本、提高库存，反而进一步导致经营周期的延长。

2. 缩短应收账款周转期

想要缩短应收账款周转期，可以通过以下几个方法。

（1）编制催收表。财务人员根据应收账款，编制完整的催收表，以周为单位不断更新，对于快到期的应收账款一般提前一个月就要挂在表上进行催收，表上要写清楚应催款时间，并确认具体催款负责人。每周企业都要召开负责人大会，要求负责人说明催款进度，并安排新的工作计划。

（2）经常对账。企业一方面要做好内部催收的计划，另一方面也要让客户意识到需要结款。所以，业务人员应经常跟客户发对账函，或者打对账电话沟通，提醒客户还有多少账款没有付。在这个过程中，还要了解客户目前的发展情况是否存在明显问题，例如破产、搬家、转换行业等。一旦发现对方企业出现明显问题，要进一步加强催款力度。

（3）折扣奖励。为了提升客户结款的积极性，可以对及时付款的客户给予折扣奖励。例如，5天以内付款的给3%的折扣奖励，5~10天付款的给2%的折扣奖励，10~20天付款的给1%的折扣奖励。让客户看到提前结款有利于利润的增长，客户主动还款的可能性就会大大增加。

（4）绩效考核。将应收账款的催款纳入业务人员的绩效考核。在规定的回款期内，如果业务人员能够按时催款到账，可以获得奖励；如果可以提前催款到账，将会获得更多的奖金福利，以此调动业务人员的积极性。

对于可能会成为坏账的应收账款，企业更应该加大力度，进行全员催收。只要业务人员收回账款企业就给予奖励，给予应收账款的5%～10%的现金奖励。

6.4　营运资本投资策略

营运资本必须流动起来，进行各种投资，才能加快现金流流转的速度。不同的企业，会制定不同的投资策略，或保守，或激进，这与企业的现金流现状、未来规划有着密切关系。那么，各类投资策略有何不同？又该如何选择？

6.4.1　保守投资策略

所谓保守投资策略，就是企业持有较多的现金和有价证券、充足的存货，提供给客户宽松的付款条件并保持较高的应收账款水平。保守投资策略，表现为保持较高的流动资产÷收入比率。这种策略需要较多的流动资产用于投资，承担较大的流动资产持有成本，主要是资金的机会成本。但是充足的资金、存货和宽松的信用条件，使企业中断经营的风险很小，其短缺成本较小。

6.4.2　中庸投资策略

中庸投资策略要求短缺成本和持有成本大体相等，就是短缺成本等于持有成本，或是短缺成本和持有成本之和最小。

阿里巴巴的投资策略，事实上就是一种中庸投资策略。表面上看，阿里巴巴的投资领域和方向很多，但是无一例外都有一个特点：考虑跟母体业务的结合，互补或者加强，而不是冒险的激进投资。阿里巴巴董事局副主席和战投部负责人蔡崇信就曾说："阿里巴巴就是把正确的资产放在正确的位置上，战略投资和并购作为赢得围棋的一部分，给阿里巴巴建立长期的战略价值。"

例如，阿里巴巴投资的项目或企业，多数都是与阿里巴巴自身业务能够形成协同作用的。近年来，伴随着移动互联网红利的消失，阿里巴巴的投资开始向线下转移，例如共享单车哈啰、线下零售巨头苏宁、超市大润发、在线订餐外卖饿了么等。这样做的目的，就是扩大支付宝的应用场景，获取线下流量。再如对数据处理、人工智能的投资，也都是与自身业务息息相关的，可以有效补充企业的生态环境。从这个层面上来看，阿里巴巴的投资很谨慎，其投资采用典型的中庸投资策略。

阿里巴巴的投资方式，是多数企业都应当学习的。在保证成本的基础上，进行关联性投资，让投资可以反哺企业自身业务，在获得利润的同时，逐渐扩大企业的业务范围，这种投资策略自然安全性高，也具备较高的回报率。

6.4.3　冒险投资策略

冒险投资策略要求企业持有较少的流动资产，表现为保持较低的流动资产÷收入比率。这种策略需要较少的流动资产投资，承担较小的流动资产持有成本（主要是资金的机会成本），其短缺成本较大，企业中断经营的风险较大。这种投资策略，有较低的流动资产÷收入比率，具有较高的短缺成本、较低的持有成本。

冒险投资策略的风险较大，所以在投资前，必须进行完整的投资审核，否则很容易直接造成企业现金流的崩塌。

冒险投资策略，具有杠杆效应、风险大、复杂性强等特点，如果没有足够的风险应对经验，这样的投资是非常容易出问题的。实际的操作过程中，期权分看涨期权和看跌期权，两者都可以买卖。看涨期权的买方损失最多为权利金，而收益可以放大很多倍，而卖方相反，收益最多为权利金，而风险和损失可以是无限大的。如果没有对投资业务进行仔细的分析，同时缺乏有效的风险限额管理制度，那么最终的结果自然就是风险和损失滚雪球似的加倍扩大，达到无法控制的地步。这是所有企业都必须重视的。

6.5 营运资本筹资策略

营运资本的筹资策略，也分为保守、中庸和冒险三种类型。这三类筹资策略，会给企业带来不同的影响。

6.5.1 保守筹资策略

保守筹资策略，只是满足一些暂时性短期资产的需求，是最具安全性的筹资策略。在这种筹资策略下，企业会非常关注短期资产与长期资产的配比，多数使用自发性的短期负债、长期负债与权益资本来筹集资金。在此种政策下，在企业资金全部来源中暂时性短期负债的比例比较小，企业留存的营运资本比较多，可降低企业到期无法偿还债务以及短期利润率变动而引起的损失风险。

需要注意的是：保守筹资策略的风险较低，但是收益也较低。因为长期负债资本与权益资本所占比重较高，在经营淡季还要负担长期债务的利息，所以这种策略在降低风险的同时也降低了收益。

6.5.2 中庸筹资策略

中庸筹资策略，是指企业的负债结构与它的资产寿命周期相对应的策略。中庸筹资策略的特点为：暂时性短期资产需要的资金用暂时性短期负债来筹集；永久性短期资产和固定资产需要的资金用自发性的短期负债与长期负债、权益资本来筹集。

采用中庸筹资策略的企业，往往想要让资产与资金来源在期间与金额上相匹配，以此避免到期无法偿还债务的风险。不过需要说明的是：在实际经济活动中，各类资产使用寿命与现金流动具有不确定性，资产和负债完全匹配在大多数情况下是做不到的，这是一种理想化的筹资模式，想要完全符合标准几乎很难实现。

6.5.3　冒险筹资策略

冒险筹资策略，即高风险的筹资策略。冒险筹资策略会产生大量的短期负债，企业不仅要满足暂时性短期资产的需求，还要满足一些永久性短期资产的需求，有时候甚至全部短期资产都要由暂时性短期负债支持。

冒险筹资策略的风险极大，常出现的现象就是：为了充分满足永久性资产长期、稳定的资金需求，必然要在暂时性负债达到期限后再次举债和申请债务延期，企业将不断地举债与还债，加大了筹资与还债的风险。对于企业而言，如果不是万不得已的情况，要尽可能避免这种激进的筹资策略。

第 7 章
如何准确预测未来现金流量

　　企业不仅要关注当下的现金流量，还要预测未来的现金流量。做好预测工作，才能制定更加精准的战略发展蓝图。如果企业未来的发展与当下现实完全不相符，那么无论设定了多少发展计划也都是空中楼阁——没有现金流量做支撑，自然无以为继。

7.1 未来现金流量逻辑

未来现金流量预测,是预估未来某一时期内现金的流入和流出的数量。可以通过科学的方法进行未来现金流量的计算和分析,为企业的长远发展打好基础。

7.1.1 战略及投资现金流规划

企业要进行战略及投资现金流的规划。在进行这一工作时,要遵循以下原则和策略。

1. 战略及投资现金流规划的原则

(1)战略性现金流管理必须以企业理财目标为导向。企业进行战略及投资现金规划,是为了让未来的经营活动达到预期,这其中包括了利润最大化观点、每股收益最大化观点、企业价值最大化(股东财富最大化)观点等。

在各种观点之中,"价值目标"是进行现金流规划的第一原则,让现金流可以不断创造财富是企业发展的第一目的。所以,企业进行战略及投资现金流规划时,要对其进行定位,坚持动态、发展的观点,应该区分终极目标和具体目标(或称短期阶段目标)。每一个阶段,现金流会产生怎样的效果,必须始终围绕"创造财富"这一目的展开规划。企业进行投资现金流规划的终极目标,就是"企业价值创造的可持续最大化"。

(2)战略性现金流管理必须与企业所处的生命周期相匹配。企业有自身的生命周期,会经历初创期、成长期、成熟期和衰退期等阶段。对于互联网、高科技企业而言，还会有种子期阶段。在不同的阶段，企业的目的和重点都会有所差异，所以现金流量循环也会呈现出不同的特点。为了保证企业制定的战略及投资现金流规划是符合企业发展预期的，在制定规划时，企业要保证战略性现金流管理必须与各阶段的特点相匹配，注意在不同发展阶段，经营活动、投资活动和筹资活动现金流之间的转化和配合。

一般来说，如果企业处于初创期阶段，那么现金流通常为负值，即现金流出大于现金流入。对于这个阶段的战略及投资现金流规划，企业要做的核心工作是维持现金不短缺，尽可能扩大融资渠道，保证有源源不断的投资者可以为企业注入现金流。当进入成长期后，企业的业务有所稳定，现金流增加，资金压力较前期有所缓解，但此阶段企业规模扩张的压力也较大，企业会有大量的营运资金占用。这个阶段的战略规划，就是在保证企业不断扩张的基础上，分析现金流量的趋势，让二者保持统一，避免过于激进的扩张导致现金流崩断。

进入成熟期的企业，往往拥有了较为成熟的市场地位和市场份额，此时企业进入现金流充沛的阶段，现金流出平缓。在这个阶段，企业要做的事情是处理好盈利性和可持续性的关系，尽量延长企业的成熟期。此时企业的重点工作是通过财务杠杆进行合理投资或后续技术的研发，进一步扩大企业的市场影响力。

进入衰退期的企业，往往技术能力落后、市场口碑下滑、主营业务发展明显缓慢。这个时候，现金流入不足的情况非常明显，且现金流出量较大。这个阶段，企业现金流量循环可能会出现断流现象，导致"供血不足"而破产。所以，此时企业对现金流管理的重点，就是向新业务转移，将现有的资产尽快变现。

2. 战略及投资现金流规划的策略

进行战略及投资现金流规划时，要遵循以下策略。

（1）围绕企业价值创造进行现金流管理。评价企业的方法有很多，但现金流价值评估是常见和有效的方法。通过对现金流的分析，可以看到企业在当期和以后各期创造现金流量的能力，这是企业赖以生存的根基。所以，对于战略及投资现金流规划，始终要围绕现金展开，从价值创造角度探讨现金流的管理问题，找到企业的现金流可持续发展模式，企业的所有政策与发展决定，都要围绕现金流展开。

（2）必须关注"现金循环周期"。企业的资金周转围绕现金展开，资金周转始于现金终于现金。所以，在制定战略及投资现金流规划时，一定要关注现金循环周期。对于现金循环周期的计算，我们需要知道应收账款周转天数、存货周转天数以及应付账款周转天数。现金循环周期的计算公式为：

现金循环周期 = 应收账款周转天数 + 存货周转天数 - 应付账款周转天数

企业必须认真分析现金循环周期，确认其是否合理。过长的现金循环周期，意味着营运资金占用过大，周转速度过慢，应该缩短周期，以减少投入的营运资金；过短的现金循环周期，说明营运资金的投入不足，存在一定的生产风险，无法按时完成生产工作。

7.1.2 现金流量预算编制逻辑

现金流量预算，是指在一个给定的时间段（通常是一个月内），按时间顺序发生的、对收入和开支的总的预测。在编制现金流量预算时，我们要遵循一定的逻辑，保证现金流量预算符合企业的未来预期发展。

现金流量预算编制逻辑的起点，就是企业期初现金的结存额。在这个基础上，充分考虑预算期间的现金收入，预计期末的合理现金结存额，确定预算期间的现金支出。逻辑的重点，即现金收入与支出。

1. 现金收入

现金收入由以下三个部分组成。

（1）经营活动产生的现金收入。它是企业收入的主要来源，是企业主营业务的体现，包括了销售商品或提供劳务的现金收入、其他与经营活动有关的现金收入。

（2）投资活动产生的现金收入，即企业对外投资产生的回报，包括固定资产处置、投资收回、处置其他长期资产收到的现金。

（3）筹资活动产生的现金收入，包括发行债券收到的现金、借款收到的现金等。

2. 现金支出

现金支出，包括经营活动、投资活动和筹资活动产生的现金支出。

（1）经营活动产生的现金支出，包括购买商品或接受劳务支付的现金、支付职工工资以及为职工支付的现金、经营租赁所支付的现金、支付税金及其他与经营活动有关的现金。

（2）投资活动产生的现金支出，包括购建固定资产、无形资产和其他长期资产支付的现金，企业权益性投资及债权性投资支付的现金，其他与投资活动有关的现金支出等。

（3）筹资活动产生的现金支出，包括分配股利或利润所支付的现金、支付利息所支付的现金、其他与筹资活动有关的现金支出。

将现金收入、支出按项目和金额逐一统计，就可以编制出完整的现金流量预算表，如表 7.1-1 所示。

表 7.1-1　企业年度现金流量预算表

编制单位：　　　　　　　　　　20××年度　　　　　　　　　　单位：元

项目	序号	本年预算数	上年实际数
一、经营活动产生的现金流量	1		
销售商品、提供劳务收到的现金	2		
收到其他与经营活动有关的现金	3		
现金流入小计	4		

续表

项目	序号	本年预算数	上年实际数
购买商品、接受劳务支付的现金	5		
支付给职工及为职工支付的现金	6		
现金流出小计	7		
经营活动产生的现金流量净额	8		
二、投资活动产生的现金流量	9		
收回投资收到的现金	10		
取得投资收益收到的现金	11		
现金流入小计	12		
购买固定资产及其他资产支付的现金	13		
投资支付的现金	14		
现金流出小计	15		
投资活动产生的现金流量净额	16		
三、筹资活动产生的现金流量	17		
吸收投资收到的现金	18		
取得借款收到的现金	19		
收到其他与筹资活动有关的现金	20		
现金流入小计	21		
偿还债务支付的现金	22		
分配利润和偿付利息支付的现金	23		
支付其他与筹资活动有关的现金	24		
现金流出小计	25		
筹资活动产生的现金流量净额	26		
四、汇率变动对现金影响额	27		
五、现金及现金等价物净增加额	28		

　　企业一定要建立完善的现金流量预算编制逻辑，它会直接关系到未来现金流量的管理细则。现金流量预算是财务预算的重要部分，它与其他预算紧密联系，是企业控制货币资金的收支、组织财务活动、平衡调度资金的直接依据。如果现金流量预算编制漏洞百出，很有可能出现一系列的错误数据，为筹资、投资决策提供错误的信息，导致企业无法正常运转。

7.2　最佳现金持有量预测

最佳现金持有量又称为最佳现金余额，是指既满足生产经营的需要，又使现金使用的效率和效益最高时的现金最低持有量。

7.2.1　确定最佳现金持有量的意义

企业确定最佳现金持有量，具有以下意义。

①意识到过多持有现金的弊端：企业现金持有过多将影响企业投资收益的提高。

②意识到过少持有现金的弊端：企业现金持有不足，可能蒙受风险损失的同时，还要付出各种无法估量的潜在成本或机会成本。

对最佳现金持有量进行预测，就是为了让企业拥有较为合理的现金流，满足企业资金流动所需又不影响企业发展速度，这样企业才能不断发展，现金才能不断循环，利润才能不断扩大。

7.2.2　最佳现金持有量确定的方法

最佳现金持有量的计算方法有很多，而简单、有效的方法就是通过现金周转模式进行计算。所以，我们要掌握现金周转模式的计算方法，同时了解其他不同的计算方法。

1. 通过现金周转模式确定最佳现金持有量

现金周转模式的核心，是根据企业现金的周转时间来确定最佳现金持有量。它的计算步骤如下。

（1）确定现金周转期。

现金周转期 = 存货周转期 + 应收账款周转期 − 应付账款周转期

（2）确定现金周转率。

现金周转率 = 360 ÷ 现金周转期

（3）确定最佳现金持有量。

最佳现金持有量 = 年现金总需求量 ÷ 现金周转率

以实例说明通过现金周转模式确定最佳现金持有量的计算方法。某企业预计全年需要现金 1 200 万元，预计存货周转期为 80 天、应收账款周转期为 40 天、应付账款周转期为 30 天，求最佳现金持有量。

计算步骤：

确定现金周转期，现金周转期 = 80 + 40 − 30 = 90（天）。

确定现金周转率，现金周转率 = 360 ÷ 90 = 4（次）。

确定最佳现金持有量，最佳现金持有量 = 1 200 ÷ 4 = 300（万元）。

现金周转模式简洁、高效，同时紧扣企业现金，所以多数企业都会采用这种方法作为最佳现金持有量的首要计算方法。

2. 成本分析模式

通过成本分析模式，也可以对最佳现金持有量进行预测。企业持有的现金，将会有三种成本类型。

（1）机会成本。现金作为企业的一项资金占用，它具有两个层面的特点：一是流动性极高，二是盈利性极差。如果现金不能进行生产经营活动，那么它就无法获得收益；但是，如果所有现金全部流入经营，那么一旦企业遭遇风险就会无力抵抗，这是天然存在的矛盾。所以，持有现金的代价就是付出机会成本。现金拥有量过多，机会成本代价大幅度上升，明显不利于企业获利。

（2）管理成本。企业必须拥有现金才能开展管理，包括支付生产管理费用、人员工资、安全措施费等。这就是先进的管理成本，是一种固定成本，与现金持有量之间无明显的比例关系。

（3）短缺成本。现金的短缺成本，即因缺乏必要的现金，不能应付业务开支所需，而使企业蒙受损失或为此付出的代价。现金的短缺成本随现金持有量的增加而下降，随现金持有量的减少而上升。

机会成本＋管理成本＋短缺成本，就是企业需要的最小的现金持有量，以此确定最佳现金持有量。

7.3 企业经营管理中的现金流量预算

对于现金流的预测，要形成年度、季度乃至月度、周、日的体系，每天不断捕捉现金流的变化。这样，对于现金流的预测才会更加精准，更有利于营运资本的管理。

7.3.1 年度预测

对于现金流预算的年度预测，要精细到全年都会出现的各种现金流动行为。以月为单位，制定年度预测表格，如表7.3-1所示。

表7.3-1 现金流年度预测表

制表日期：

（开始月份，按财年计）	1月	2月	3月	4月	5月	6月	7月	8月	9月	10月	11月	12月	合计
月初现金余额		0	0	0	0	0	0	0	0	0	0	0	—
现金流入													
经营活动现金流入	0	0	0	0	0	0	0	0	0	0	0	0	0
销售商品收到的现金													0
提供劳务收到的现金													0

续表

（开始月份，按财年计）	1 月	2 月	3 月	4 月	5 月	6 月	7 月	8 月	9 月	10 月	11 月	12 月	合计
收回的应收账款													0
其他													
投资活动现金流入	0	0	0	0	0	0	0	0	0	0	0	0	0
股息													0
其他投资收益													0
筹资活动现金流入	0	0	0	0	0	0	0	0	0	0	0	0	0
取得借款收到的现金													0
所有者出资													0
现金流入合计	0	0	0	0	0	0	0	0	0	0	0	0	0
现金流出													
经营活动现金流出	0	0	0	0	0	0	0	0	0	0	0	0	
购买商品、原材料支付的现金													0
接受劳务，如会计代理费支付的现金													0
员工工资													0
员工福利（包括员工保险、住房公积金等）													0
税金													0
办公用品													0
营销及广告费													0
差旅费													0
邮寄、配送费用													0
水、电、气等能源消耗费													0
网站托管和维护费													0
机器、设备等维修维护费用													0
车辆相关费用													0
餐费、招待费													0
保险费（如财产保险费）													0
佣金、手续费													0

续表

（开始月份，按财年计）	1 月	2 月	3 月	4 月	5 月	6 月	7 月	8 月	9 月	10 月	11 月	12 月	合计
租金													0
电话费													0
其他													0
投资活动现金流出	0	0	0	0	0	0	0	0	0	0	0	0	0
购置和建造厂房、设备等固定资产支付的现金													0
购置无形资产和其他非流动资产支付的现金													0
其他投资支出													0
筹资活动现金流出	0	0	0	0	0	0	0	0	0	0	0	0	0
偿还借款本金支付的现金													0
偿还借款利息支付的现金													0
分配股利、利润支付的现金													0
其他与筹资活动相关的支出													0
现金流出合计	0	0	0	0	0	0	0	0	0	0	0	0	0
现金流净额	0	0	0	0	0	0	0	0	0	0	0	0	0
月末现金余额	0	0	0	0	0	0	0	0	0	0	0	0	—
补充营业数据													
销售收入													0
提供劳务收入													0
应收账款余额													0
坏账余额													0
应付账款余额													0
固定资产折旧													0

企业进行编制时必须严格按照实际填写，如部分内容未产生现金流动，应填写零而非直接删除。

部分企业还会进行更加长远的年度现金流预测，通常在 3～5 年。对于这样的年度预测，应按照表 7.3-2 填写。

表 7.3-2　未来五年现金流预测表

	20××年	20××年	20××年	20××年	20××年
年销售量					
一、现金流入					
自有资金					
银行贷款					
股权融资					
销售流入					
——6 万元回款					
——10 万元回款					
——20 万元回款					
——20 万元回款					
——20 万元回款					
连锁加盟收入					
增值服务收入					
广告收入					
二、现金流出					
1. 生产材料					
2. 管理费用					
3. 销售费用					
4. 财务费用					
5. 税金支出					
三、现金净流量					
累计现金净流量					

对于跨多年度的现金流预算，由于时间较长所以很多细节部分无法做到精准预算，这类预测表格不必追求非常细节的部分。但是，它依然需要遵循企业发展的趋势，对于重点部分进行预测。这样做就是为了给企业一个方向和目标，在未来数年的经营中，朝着既定方向和目标发展。

7.3.2　月度、周、日预测

为了进一步细化现金流预算，我们还要进行月度、周、日的预测。时间单位越小，意味着项目的组成越细化。例如现金流月度预测表，要对每天可能发生的现金流进行预测。现金流月度预测表如表 7.3-3 所示。

表 7.3-3　现金流月度预测表

单位：元

现金摘要	×月1日	×月2日	×月3日	……
现有现金（月初）				
可用现金（现有现金＋未兑现收据）				
现金预计收入				
现金销售				
贷方应收款				
贷款/其他现金				
总现金预计收入				
现金预计支出				
购买				
总工资（具体提款）				
用品（办公及经营用品）				
修理维护费				
广告				
租金				
水电费				
其他费用				
贷款本金支付				
资本购买				
其他启动费用				
保留或由第三人保存				
所有者提款				
总现金预计支出				

　　对于月度可能产生的现金流，按照表 7.3-3 进行填写。而根据这份表格，我们也可以看到周、日的现金流预测详细内容，所以该表格可以涵盖月度、周、

日的数据。如果企业还有其他类型的现金流，那么应在表格内如实补充并填写，对现金流量形成从日到年的系统化预测。

7.4 筹资活动现金流量的计算

筹资活动涉及与金融机构、银行等产生的现金往来，同时也会产生相应的借贷利息、借贷还款等。对于筹资活动产生的现金流量，我们要在未来现金流量预测时灵活使用以下计算公式。

①吸收投资收到的现金 =（实收资本或股本期末数 − 实收资本或股本期初数）+（应付债券期末数 − 应付债券期初数）。

②吸收借款收到的现金 =（短期借款期末数 − 短期借款期初数）+（长期借款期末数 − 长期借款期初数）。

③收到其他与筹资活动有关的现金，如投资人未按期缴纳股权的罚款现金收入等。支付的其他与筹资活动有关的现金 = 营业外支出 − 盈余损赠支出 + 长期应付款 − 融资租入固定租赁费减少净额 + 发行股票、债券的备查登记记录中的审计、咨询费用。

④偿还债务支付的现金 =（短期借款期初数 − 短期借款期末数）+（长期借款期初数 − 长期借款期末数）（剔除利息）+（应付债券期初数 − 应付债券期末数）（剔除利息）。

⑤分配股利、利润或偿付利息支付的现金 = 应付股利借方发生额 + 利息支出 + 长期借款利息 + 在建工程利息 + 应付债券利息 − 预提费用中"计提利息"科目贷方余额 − 票据贴现利息支出。

第8章
企业现金流战略风险控制架构与管理模式设计

　　想要做好现金流与营运资本的管理，就必须构建现金流战略风险控制架构，并推进与之配合的管理模式，做到思维与行动的统一。

8.1 如何建立企业现金流战略风险控制架构

建立完整的现金流战略风险控制架构，才能有效避免现金流出现各类问题。首先，企业要确定好现金流管理目标与战略。

8.1.1 企业现金流管理目标与战略的关系

战略目标这个词很常见，但事实上，"战略"和"目标"有着不同的内涵。目标，通常是指最终的目的，即结果；而战略，则是具体的方法、策略，即过程。目标决定了实行怎样的战略，战略的具体执行则决定了最终达到的目标。

对于企业的现金流战略风险控制架构而言，目标就是企业想要达到怎样的现金流，它会以具体的数字体现，确定企业未来发展的方向；而战略，则是实现该目标的具体方法。

战略与目标是相辅相成的。目标是行动的目的地，战略则是到达目的地的方法或者途径。让现金流管理目标与战略实现统一，企业的现金流战略风险控制架构才能发挥作用。

举一个简单的例子：某企业决定第二年的现金流预算为 3 200 万元，这是现金流的目标。但是在实际工作开展中，各个部门的预算和支出依然按照自己的习惯进行，并没有制定以目标为重点的战略，结果第二年结束时，企业实际的现金流只有 1 500 万元，与最初的计划出现明显偏差。

这就是目标与战略不统一造成的结果。战略并不是凭空制定的，它需要围绕目标展开；而确认目标前，要先了解企业自身的情况和企业所处的环境，然后制定符合企业预期与特点的目标，这样才能制定企业可以执行的战略。

例如，财务部门通过报表分析，发现企业存在明显的应收账款回收不利的情况，坏账率较高，那么制定的现金流目标就是"保持销售增长，使坏账率明显下降"。这一目标确定后，销售部门、应收账款回收部门针对该目标进行明确的调整，建立更加完善的风险管控机制，将应收账款的追讨放在工作第一位。一年过后，企业现金流达到了预期，制定的战略符合企业的发展方向。

反之，企业存在应收账款不利的现象，但是企业制定的现金流目标是"通过投资让现金流达到 5 000 万元"。而事实上，企业的初始现金流已经明显不足，同时市场处于低迷期，并非投资最佳时机，结果企业按照这一目标制定战略，对外进行了非常大的投资。一年后，这些投资项目无一例外出现了失误，企业有限的资金全部被拖累，最终企业走上了破产的路。

两个案例说明了企业现金流管理目标与战略的关系：目标决定战略，战略实现目标，但前提是目标符合企业的现状，战略才能发挥应有的作用和产生意义。

这就是为什么，很多企业制定了正确的战略，但最终现金流管理效果依然不佳。没有确定正确的目标，实施战略的整个过程自然也没有意义。建立企业现金流战略风险控制架构，必须首先找到企业现金流管理的目标是什么，确定某个具体领域，这样才能制定现金流战略风险控制架构。

8.1.2 企业现金流管理战略确定

对于企业现金流管理战略，要根据企业的定位、发展方向与过往现金流特点进行确定。多数企业都会在以下三种现金流管理战略中选择。

1. 激进型现金流管理战略

多数企业都喜欢选择激进型现金流管理战略。这种管理模式，首先要面对动态的市场变化，现金流速度非常快，涉及各个方面。正因为如此，现金流与市场风险高度挂钩，很容易出现为了获得市场，开始用资金换市场、用资金买机会的行为。

采取激进型现金流管理战略的企业，会对市场有着极高的敏感度，一旦抓住机会很有可能实现巨大的利润，反之，如果没有把握住市场趋势，那么就非常考验企业是否具备足够的现金做支撑。例如，某公司投资 1 000 万元经营，但是不到 6 年，所有资金全部打水漂，如果撤资，之前的 1 000 万元就白白损失了。如果要继续投资，那么必须进行大额度的融资。

共享单车就是采取激进型现金流管理战略的典型。不断投入资金，不断融资，最终能够活下来的只有现金流充裕的企业，例如哈啰单车、美团单车，其背后有阿里巴巴、腾讯做现金流支持，所以它们可以存活。而有些共享单车品牌，则因为现金流的管理不当，无法产生可以循环的现金流，最终退出市场。

激进型现金流管理战略的特点是求新，即新市场、新机会、新产品、新技术，全部用资金购买。这就决定了采用这种现金流管理战略，必须有强大的资金做后盾，并不适用于初创企业。当然，即便是大企业，也要注意对风险的把握，否则也有可能最终被激进型现金流管理战略拖垮。

如果企业想要选择激进型现金流管理战略，必须要将其和自身商业模式结合，即商业模式可以产生足够的现金流，这样才能保证企业正常运转，而不是单纯依赖融资。尤其对于主打互联网经济的企业，必须建立全新的经营思维，在主营业务可以产生足够的利润基础上，再通过融资等手段扩大现金流，从而采取激进型现金流管理战略。

2. 防守型现金流管理战略

防守型现金流管理战略，主要见于已经非常成熟甚至有一些倒退的企业。这种企业往往已经取得了较大的成功，面临的环境非常稳定，很难再创造新的业务体系，这时候就要提高效率、稳固发展，采取防守型现金流管理战略。

典型的案例，就是万达集团。2017 年，万达集团发展至巅峰总资产超过

8 800亿美元。万达集团旗下的产业涵盖了诸多领域，包括两百多座万达广场、十几座万达城和五星酒店、一千三百多家万达影城，以及收购的美国传奇影业、资产管理公司、西班牙大厦等，万达集团已经横跨地产、零售、娱乐等诸多领域，建立起了首屈一指的"帝国"。

然而就在2018年，万达集团的投资进入快速缩水期。备受瞩目的事件，就是2018年10月，融创和万达集团同时公布，融创彻底收购万达文旅的全部股权。最终，王健林卖掉了万达文旅的全部股权。2020年7月30日，万达酒店宣布，已将公司非全资附属公司的万达芝加哥酒店项目90%的股东权益，作价2.7亿美元（约合人民币18.9亿元）出售给了伊利诺伊州的合作伙伴 Magellan Parcel C/D LLC，后者在此之前持有该项目的另外10%的股权。至此，万达集团的海外资产全部抛售。

对于万达集团全线收缩，王健林就曾明确表示："三十年，三十年是世界老牌企业的新起点。此番对项目公司进行减资，若能减轻一些总部的资金压力，确是一件好事。"很显然，已经到达顶峰的万达集团，开始采取防守型现金流管理战略，不再进行全球性的收购与投资，控制现金流。

之所以选择防守型现金流管理战略，就是为了控制现金流。企业的盈利，取决于现金流的控制水准。万达集团如此，麦当劳同样如此，不再追求单纯的开店，而是严控现金的支出，紧缩不必要的开支。如果我们的企业同样在行业内已经取得较高的地位，那么就应当将防守型现金流管理战略作为主要模式。

当然，防守型现金流管理战略并不意味着不再进行投资，而是将风险降低，避免一些无意义的投资。否则，如果过分追求低风险，那么有可能在市场机会出现时，企业因自身后劲不足无法进行有效布局。

3. 调整型现金流管理战略

如果企业面临的竞争环境非常激烈，已经出现了一定的经营风险，那么就要学会放弃和选择，尽量采用调整型现金流管理战略。尤其对于多数中小企业而言，这种战略是行之有效的。

适合采用这种战略的典型产业，就是餐饮业、娱乐业和其他服务业等。这类企业的毛利率较高，现金流转速度快，但是多数服务型企业往往利润非常有限。这类企业，平均每三年就要进行重新装修或选址，尽管现金流较大但是利润不高，所以要选择调整型现金流管理战略，解决现金支付中的困难。

调整型现金流管理战略主要侧重于短期现金流管理，主要方法有两种：第一种是资产剥离、股权转让；第二种则是严格控制现金流，让它回到正常的循环轨道。

优秀的管理者就非常善于使用调整型现金流管理战略，对现金流的使用非常灵活。例如，当整体经济较为萎靡，多数企业都遭遇低谷时，他就会选择一家企业，在这家企业开始高速发展的时候，用现金换取该企业的资产，进入企业，控制股权，甚至收购企业。一旦市场行情转暖，该企业的价值不断攀升时，他们就会用 IPO（initial public offering，首次公开发行）上市的方式发行公众股，起初的股权就可以增值。然后，让股权继续增值。而在经济低谷到来之前，他又会将股权甩卖换回现金，继续选择低价收购一些较有潜力的企业，然后再上市，再用股权换现金，如此反复。他们经常采用这种方式。

所以，对于多数企业而言，更具灵活性但又不违背原则的调整型现金流管理战略是非常符合自身原则的。从企业的目标制定、现金流的环境分析到战略评选，再到现金流的预算、实施和控制，需要一线贯穿，企业可以牢牢控制现金流的走向，不断制定各类能够实现的目标，保证企业健康发展。

遵循原则又灵活调整，这样的战略看似容易实施，但事实上能够做到的企业非常有限。多数企业在壮大后，往往都会出现以下两种现象。

（1）未老先衰。企业刚刚走过初创期有了一定规模，却已经步入衰退阶段。企业高层满足于当下的现金流与利润，对企业的管理有限，干部管理团队失去冲劲，员工开始沉淀。甚至当新人提出新的发展规划时，往往会遭到全体否决，企业不愿再进一步发展。

（2）"小胖子"效应。所谓"小胖子"效应，即企业充满理想，想要加强对现金流的管理。但是，企业内部的管理非常松散，内部设立很多职能部门、很多领导干部，实际上只是企业领导者一个人在干活。结果，所谓的理想没有一个得以实现。

无论是未老先衰型企业，还是"小胖子"型企业，即便制定了合理的现金流管理战略，最终也往往难以实施。所以，找到了适合企业的现金流管理战略，一定要按照战略不断推进，这样才能保证现金流管理符合企业的预期。

8.2　企业现金流管理模式设计

确定了企业现金流管理战略后，接下来要对现金流的管理模式进行设计，这是决定现金流管理战略能否真正落地的关键。

8.2.1　企业现金流管理模式设计方法

企业想要设计现金流管理模式，必须搭建企业资金高度集中管理制度保证体系，建立和完善集团内部操作流程、内部岗位职责、信息沟通、资金授权划分、资金分类预算、内部委托贷款规则、内部审计、业绩评价等一系列制度。

具体来说，企业要从以下几个方面入手。

1. 实行资金高度集中管理制度

实行资金高度集中管理制度，全面强化资金预算管理。纵观世界 500 强企业，实行资金高度集中管理制度的比例已达到 80%，企业任何现金流动都要集中管理，包括现金管理、银行账户管理、银行关系管理、流动性头寸管理、收付款管理、应收应付管理、融资管理、投资管理、风险管理、外汇交易及套期保值管理、国际支付管理等。没有总公司的统一调度、授权，任何分公司、个人都不能调用资金。

为什么要强调资金的高度集中？如果不通过这种制度管理现金流，势必会出现一系列问题，如图 8.2-1 所示。

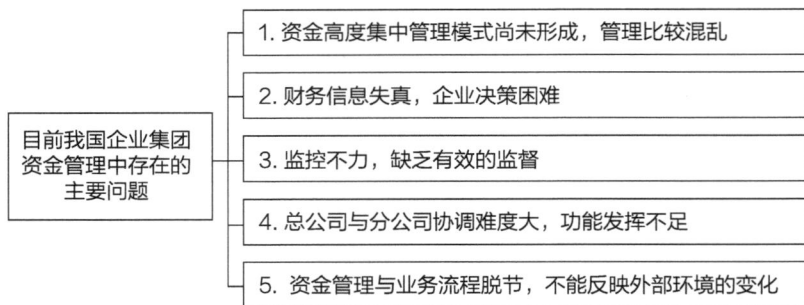

图 8.2-1　资金不能高度集中带来的后果

（1）资金高度集中管理模式尚未形成，管理比较混乱。资金不能进行集中统一管理，往往表明企业存在各自为战的现象，过于强调局部利益，集团母子公司财务关系不清晰，很难产生协同效应。企业重要的生产、销售、采购、库存环节脱节，任何一个部门或分公司都能随意支配现金，集权与分权的认识很难统一。

这样的企业必然会出现一个现象：缺乏统一规范的财务资金调控制度，没有统一的信息平台。结果，企业的现金流信息流转非常困难，尤其是财务、资金结算、投融资管理的数据完全碎片化，导致企业高层难以及时准确全面掌握生产经营全过程的相关信息，无法实施有效的管理、监督和控制。

（2）财务信息失真，企业决策困难。现金流直接决定了企业未来生产的具体规划，只有掌握实时精准的现金流，才能全局把控生产、销售、采购等环节。如果缺乏资金高度集中管理制度，就会导致下属单位出于各自的利益而截留信息甚至有意提供虚假信息，使得汇总起来的信息普遍失真，会计核算不准，报表不真实，财务信息完全无法展现企业实际的现金流。财务信息失真必然导致做出的决定与实际偏差巨大，企业管理混乱。

（3）监控不力，缺乏有效的监督。现金流没有得到高度的统一管理，意味着企业内可以接触资金的相关利益关系人非常多，直接造成管理活动的复杂和管理层次的冗繁。在这种情况下，财务人员完全无法履行财务监督的责任，有权力的部门或个人可以任意调节企业利润，导致企业内部财务监督形同虚设。

（4）总公司与分公司协调难度大，功能发挥不足。对于拥有分公司的企业，不能实现现金流的高度统一管理，会造成更为严重的风险。总公司不干涉分公司的现金流，会造成分公司变成小的集团，在资金管理上往往各成体系，即便总公司设定了现金流管理方案，也无法推广到各个分公司执行。结果，总公司需要面临巨大的债务风险，但分公司却可能有大量的沉淀资金，造成总公司财务成本高，现金资源配置低，直接影响到整个集团的正常发展。

（5）资金管理与业务流程脱节，不能反映外部环境的变化。没有建立高度统一的现金流管理体系，会导致企业的财务部门只关注资金收支活动，忽略企业其他部门的业务活动是否合理。事实上，现金流的管理不仅在于数字的增减，更要实现节约内部交易成本、提高资金使用效率、保证资金在各部门之间合理分配的目的，达到多方共赢。一旦缺乏统一的管理体系，财务部门就无法获得准确的基础数据和相关信息，无法对复杂的信息流、物流和资金流进行针对性的收集、分析，仅仅只能看到表面的数字。即便制作了现金流流动表，也无法反映外部环境的变化。

所以，建立高度统一的现金流管理体系，是打造企业现金流管理模式的第一步。资金管理涉及各方面的利益，是集团财务控制的中枢，企业必须在资金管理上获得必要的权力，这样才能从整体上理清内外部的关系，产生资金的整合效应。通过实施资金高度集中管理制度，实行高度集中的财务管理，充分地了解业务单元真实的经营状况，从而为企业提供更精准的数据，以此制定适合企业的战略目标和策略，优化企业现金流使用的模式，帮助企业合理安排资金。

2. 构建资金收支两条线制度

所谓两条线，即收入线与支出线分开统计、计算，保证账目的清晰。各部门存在的现金收入，必须回到财务部门汇总、统计，任何部门不得截留现金收入；涉及的现金支出，必须由财务部门划拨，严格按照规定的项目、金额、时间进行支出。保证现金流进出规范，是改善资金流的重中之重。

在构建两条线资金管理模式时，企业还要注意三个方面，如图8.2-2所示。

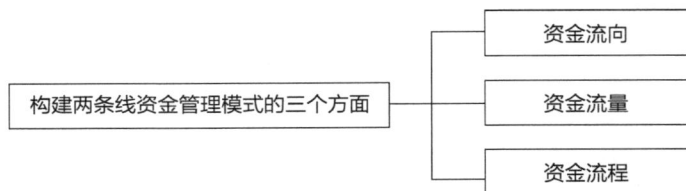

图8.2-2　构建两条线资金管理模式的三个方面

（1）资金流向。企业各部门的收入都必须按照规定上交至指定部门，或是在内部银行设立收入户与支出户。收入资金进入收入户，由财务中心统一管理；所有货币性支出，都要从支出户划拨，由财务中心管理。支出户里的资金，只能按照规定从收入户划拨，禁止现金坐支。

（2）资金流量。保证资金流量的准确，不允许任何部门私设小金库，确保所有收入的资金都进入收入户。同时，还应加强财务中心的业务能力，引入计算机第三方财务统计平台，加快资金结算速度，缩短现金流的周期。

在支出环节上，财务中心必须严格按照"以收定支"和"最低限额资金占用"的原则，将支出户的平均资金占用额压缩到最低限度。这种资金管理模式，可以有效保证资金及时回笼，费用支出得到有效监控。

（3）资金流程。所谓资金流程是指与资金流动有关的程序和规定。没有严格的财务程序和规定，两条线资金管理模式就不能发挥应有的作用。企业内部的资金流程，应包括以下内容。

①收入资金管理与控制。

②支出资金管理与控制。

③资金内部结算与信贷管理及控制。

④关于账户管理、货币资金安全性等规定。

⑤收支两条线的组织保障。

制定资金收支两条线制度时，企业一定要与自身文化、发展模式相结合，以管理有效性为导向，可以参考其他企业的模式，但一定要与自己的实际情况相结合，让它符合各个部门发展战略、管理文化和组织架构的定位。

3. 落实计划制度

建立并落实月度财务收支和现金流量计划制度。企业的任何一笔收入与支出都是要有计划的，要严格按照已经通过的企业现金流预算进行。否则，如果企业总是有各种偶然性支出，必然会把整个计划打乱，设计现金流预算的意义也就无从谈起。

强调现金流使用的计划，就是为了保证企业现金的支出是合理的、可控的、可以追溯至具体负责人的。很多企业都会设定非常详细的月度现金流计划表，一旦出现临时资金使用的情况，如果本月没在计划安排内，除非非常紧急，坚决挪到下一个月，这就是为了维护计划的严肃性。这样做就是为了让企业建立"现金流是非常严肃的"的理念，无论部门整体还是个人都要按照计划使用现金，避免企业发生太多的临时性支出，导致正常经营无法推进，不得不在筹措资金和信用管理上面临两难选择。

4. 建立现金流管理制度

企业内部必须建立严格的现金流管理制度。无论对于部门还是分公司，如果需要支付现金，首先要符合预算的规定，如果预算内并没有该项目的支出，那么必须由负责人填写临时预算表，说明现金支付的内容、时间和未制定预算计划的原因，报批总部审核，通过后才能由财务部门拨款。

如果该笔支出在预算体系中，那么这笔支出的额度，只能允许在5%到10%的震荡幅度里面进行变化，超过这个额度，财务部门不能审核通过。如果是必要性的超额支付，那么负责人同样需要填写申请表，详细说明超额的原因。如果原因并不符合客观事实，那么企业还应追究负责人的责任，以严格的管理制度督促员工进行准确的预测，避免出现徇私舞弊的情况，这样才能有效地进行现金流的管理。

5. 建立应收账款管理制度

应收账款是影响企业现金流的关键，必须建立完善的应收账款管理制度，从事前、事中、事后管理三个阶段牢牢把握应收账款的进度。应收账款管控全流程如图8.2 - 3所示。

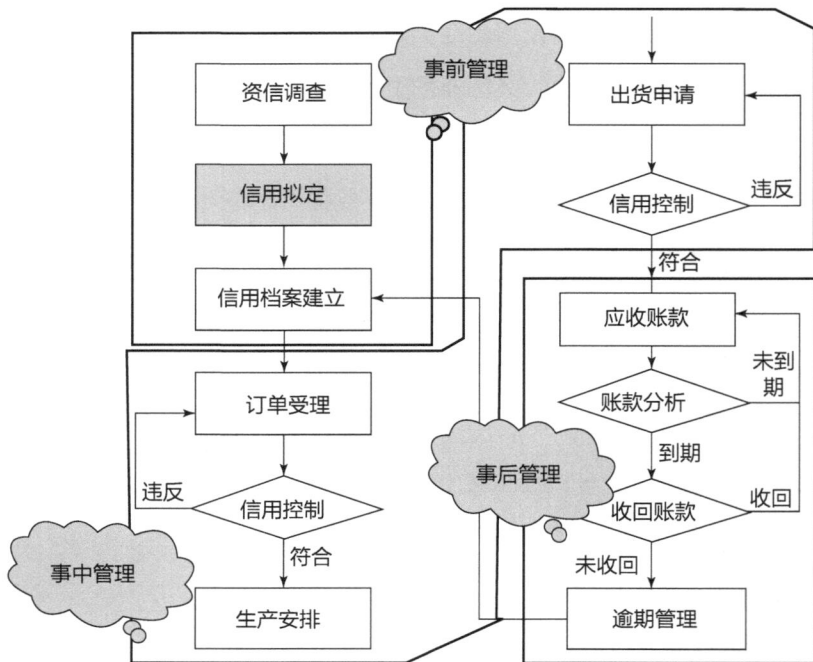

图8.2 - 3 应收账款管控全流程

应收账款管控，采用事前、事中、事后相结合的管理模式，保证每一个环节的信息准确。

（1）应收账款事前管控。应收账款事前管控的重点，是进行客户资信调查，通过对经营能力、资金和资本实力、企业管理能力、现金管理能力、企业家道德与作风等维度的调查，确认客户的资信评定指标。

（2）应收账款事中管控。应收账款事中管控的重点是订单受理、生产安排与出货申请等。这个阶段有 6 个举措需要实施。

①举措 1：界定收款目标。确认收款目标，包括收款具体数额、收款对象的企业名称、营业执照副本、法人信息、己方收款账号等。

②举措 2：信用过程监控。关注客户的生产工作是否能够正常开展。如果客户出现长时间未生产情况，应降低其信用等级，并委派人员到客户工厂了解具体情况。

③举措 3：信用额度控制。如果发现客户出现临时性经营不善、长时间未正常开工等现象，应与对方进行沟通，并降低其信用额度，待对方达到我方的要求后再恢复信用额度。

④举措 4：信用期限控制。降低信用额度的同时，还应缩减信用期限，要求其在规定的时间内完成付款，否则不予供货。

⑤举措 5：建立证据链。对于客户的经营不善等现象，应委派专人进行实地考察，并通过照片、视频记录在案。如果有电话通话，还应进行录音保存。对于第三方机构提供的报告，也应及时下载、归类，将证据统一保存，建立证据链，保证一旦进入法律诉讼阶段证据完整。

⑥举措 6：发货控制。发现客户出现经营问题，应暂时封存未发出的产品，并要求对方做出改善。待问题解决后，再依据双方协定重新发货。

（3）应收账款事后管控。应收账款事后管控的重点，是对应收账款进行收回，并进行逾期管理。事后管控中，需要做好以下几项工作。

①账款品质考核。确定账款是否正常收回，未收回账款占所有账款的比例是多少。应收账款收回率越高，说明企业收款流程越规范、合作单位信用度越高。应收账款收回率是确定相关企业信用评分的关键。

如果出现应收账款收回率偏低的情况，要如实分析其中的原因，并对该笔账款负责人进行调查，尤其是同一家企业出现多次拖欠款的情况。

②对账系统应用。财务人员进行对账，确保每一笔进账数额与合同数额相对应，制作表格进行备案，并要求负责人签字归档。为了提升对账的效率与准确度，企业应借助第三方对账系统，抄送 OA 平台给企业其他高层。

③账龄管控。账龄越高，资金效率越低，企业周转速度越慢，坏账的风险越大，所以，必须把账龄控制在一个短期的合理范围内。财务人员应每周进行账龄统计，并划分账款催收优先等级。对于即将到期的账款提前开始收取，对于中期账期的账款提醒客户即将付款，对于长期账期的账款提供如短期付款享受 5% 折扣的优惠，尽可能让账龄缩短，减小企业资金压力。

④催账体系建立。对于逾期账款，建立催账体系，通过打电话、实地询问、发律师函、向法院起诉等多种方式，对客户进行立体化催账。企业需要建立催账小组，组员尽可能是经验丰富的员工，这样才能保证催账的成功率。

6. 建立资金结算预审制度

结算资金审计是资金审计的重要组成部分，是指对被审单位发出商品、收支货款和其他项目收款所实施的审计。要保证企业现金流被有效管理，就需要建立资金结算预审制度，不仅对资金进行各种结算，而且要在结算上进行预审，保证资金利用效果最大化。

资金结算预审制度的主要内容如下。

（1）审查企业的日常账务是否处理正确，是否存在延期、坏账或呆账的情况。

（2）对明细账册进行审查，以便检查期初余额、本期发生额和期末余额的增减是否正常合理。

（3）结合财务报表，针对结算资金明细账簿，对照应收货款、预支货款、支出保证金、支出押金、暂付款、赔偿款等进行逐一审核，确认有无差错或瞒报多支的现象。

（4）对各个部门的有关单据进行审核，销售部门、采购部门的凭证和购销双方的商务函件，应当是审核的重点。

（5）排查销售部门、采购部门业务人员的工作，有无虚报销售货款收入或匿报销售货品项目的作弊行为。

（6）如果发现应收账款存在一定问题，可向购货单位发函询证和对银行有关往来账户进行核对或调查，确认业务人员工作中是否存在其他问题。

资金结算预审工作应当交由一个独立的小组进行，该小组应独立于其他部门存在，仅接受企业高层的领导，不受其他部门的干扰。只有严格进行资金结算预审，才能保证"及时收付，钱货两清"，杜绝企业出现长期拖欠、弄虚作假、隐匿收入、虚列支出、随意挂账等问题。

7. 实行资金跟踪稽查监督制度

实行资金跟踪稽查监督制度，时刻关注资金的具体流向，并确认其是否安全。想要实现这一点，可以从以下两个方面入手。

（1）在资金结算中心专门设置资金管理稽查科。尤其是规模较大、有分公司、现金流转频繁的企业，要建立独立的稽查科进行资金跟踪。

（2）实行财务会计人员委派制。对于中小企业，设立专门的资金管理稽查科会导致成本较高，那么可以实行财务会计人员委派制，委派专人进行资金的跟踪与稽查。可以委派财务总监，也可以委派财务主管，或是同时委派财务总监和财务主管，进行稽查监督工作。

8.2.2　企业现金流管理模式设计应关注的风险因素

设计现金流管理模式时，我们还要注意一些风险因素。这些风险因素很容易被忽视，导致最终管理架构不能发挥应有的作用。

1. 注意目标的方向

企业进行现金流管理的目标是获利，但获利只是目标之一，而不是最终目标。企业的目标并非追求"最大利润"，而是实现长期资本增值的最大化，即保证企业"始终处于高利润"状态，这是一种动态的目的。如果仅仅关注"利润"，很有可能出现对某一个项目无原则倾斜的情况，该项目获得了较高的利润，但随后其他项目因为没有现金支撑而失败。这样的企业，是典型的"昙花一现型"企业。进行现金流管理，就是为了加强资金管理、提升收益能力、控制成本费用、加速资金周转、规避企业经营风险和财务风险，以实现企业价值持续最大化，而非短期利润最大化。

2. 注意银行承兑汇票贴现利息与银行承兑汇票担保贷款利息的区别

通过银行承兑汇票获得现金，是很多企业增加现金流的方式。通常来说，企业会通过将银行承兑汇票贴现和以银行承兑汇票抵押进行贷款两种形式获得现金。

采用第一种方法获得现金，企业将收到的银行承兑汇票贴现所支付的利息，根据《企业会计准则第 31 号——现金流量表》应作为"经营活动产生的现金流量——销售商品、提供劳务收到的现金"项目的减项处理，也就是说以收到的贴现净额反映在"经营活动产生的现金流量——销售商品、提供劳务收到的现金"项目。

而采用第二种方法时，企业将收到的银行承兑汇票作为抵押进行贷款，以到期托收的款项归还贷款。贷款支付的利息，根据《企业会计准则第 31 号——现金流量表》应作为"筹资活动产生的现金流量——分配股利、利润或偿付利息支付的现金"项目处理。到期托收承兑汇票收到的款项在"经营活动产生的现金流量——销售商品、提供劳务收到的现金"项目反映，借取的贷款和归还的贷款分别在"筹资活动产生的现金流量——取得借款收到的现金""筹资活动产生的现金流量——偿还债务支付的现金"项目反映。

这两种方法完全不同，但在实际工作中，很多财务人员将二者等同，给现金流管理带来了一定的偏差。以银行承兑汇票抵押进行贷款，必然导致各项现金流的流入流出总额比采用第一种方法计算的要高，出现不一样的现金流入流出结构。第一种方法只有经营活动现金流入量；而第二种方法则出现经营活动和筹资活动现金流入量、筹资活动现金流出量，且二者经营活动的现金流入金额也不一致。

企业在筹集资金过程中发生的利息支出，都属于筹资活动产生的现金流量，而银行承兑汇票贴现利息在本质上也属于企业向银行获取资金使用权过程中发生的费用。所以，财务人员必须严格区分银行承兑汇票贴现利息与银行承兑汇票担保贷款利息的区别，避免高估企业的债务偿还能力，导致企业实际现金流与预测现金流呈现明显不同。

8.2.3 华为：企业现金流管理的成功案例

纵观我国企业，既有不少现金流管理不当而导致企业没落的案例，也有众多通过精准、合理、高效的现金流管理模式让企业始终不断前行，最终实现由弱至强的故事。尤其是华为，它的现金流管理模式更加成熟和清晰，它更加清楚地意识到企业进行现金流管理的重要性。

作为全球备受瞩目的中国企业，华为的现金流在行业内名列前茅。集科研、生产、销售于一体的高科技公司，华为不同于其他企业那种"轻资产"运营的模式，大多数工作都由集团自身承担，对现金流的需求非常高，现金流管理是华为财经管理体系中非常重要的一环。那么，华为是如何做好现金流管理的？

1. 高层的重视

首先，华为高层对现金流的认识非常深刻。早在 2000 年，任正非就已经意识到了现金流对整个企业的重要性。他在当年的《凤凰展翅再创辉煌》讲话中说："去年销售额 120 亿元，而货款回收只有 50 亿元，这样现金流会不会中断，我们还敢不敢再发展？如果再发展，现金流一旦中断，我们公司会不会全军覆没？如果卖了 120 亿元收不回货款把我们拖得半死，还不如只卖七八十亿元。"

华为在企业发展初期就已经形成了"现金流至上"的理念，华为未来可以沿着正确的方向发展，因为从一开始就决定了未来。随后的发展，也证实了任正非的观点。伴随着华为走出国门，华为一方面进行市场拓展，另一方面没有放松应收账款的收回。尤其在全球经济危机期间，华为可以安然无恙地度过，任正非说："华为能熬过冬天，很大程度上是因为现金流这个棉袄还算足够厚。证明几年前进行市场财经的建设是正确的。有的国家不理解，为什么华为要组织这么一个庞大的收款队伍，因为他们不知道，我们要重视现金流。"

走出国门的企业越来越多，但是能如华为一样依然重视现金流的企业却数量有限，所以很多企业在海外已经开拓了较好的市场，但最终因为现金流不畅，导致不得不铩羽而归。

当高层能够认识到现金流对企业的意义，就意味着企业的现金流管理成功了一半。现金流管理需要建立自上而下的思维，只有高层意识到现金流的重要性，才能制定完善的现金流管理体系，并逐层进行严格的执行。很多企业之所以做不好现金流管理，关键就在于高层并没有形成现金流思维，随意支取现金、不重视财务报表的审核，对于各类应收账款重视度有限。高层做出了这种负面的表率，整个企业又怎么可能重视现金流管理。

高层的重视，给企业带来了现金流管理的动力；而体系的建设，则使华为能够保证现金流健康落地。在华为，已经形成了这样的现金流管理体系。

2. 集中化管理的全球统一会计核算

华为是最早进行核算统一的企业之一，让总公司与子公司的现金财务融为一体。子公司对于华为，更像是一个部门而非独立公司，总公司会进行同一维度的数据核算，子公司财务报表与区域财务报表、产品线财务报表、客户群财务报表和合同利润表等基本上是等价的。

在华为组织架构中，财务体系独立运转，它包括集团所有财务人员的工作，也包括海外企业财务人员的工作。华为的整个财务职能大体被分为三个部分：会计核算（账务）、财经管理和审计监控（内审），全球所有财务数据都会被汇总，这样才能保证内审的财务数据是足够准确的，任何一个子公司的财务支出都必须由总公司制定完成，保证了总公司对现金流的精准把控。

在华为任何一个地区的子公司，如果需要进行报税，那么集团总部会根据数据的维度提取法人实体报表；内部考核时，就可以提取出相应的区域财务报表、产品线财务报表、客户群财务报表。无论子公司在海外开展哪些工作，都必须经过总公司的批准才能进行。所以，曾有一个被派到毛里求斯的华为财务人员说：工作大半年除了点票没干过别的活。可见华为对财务管理的细致。华为已经形成了现金流集中管理架构，具体内容如图8.2 - 4所示。

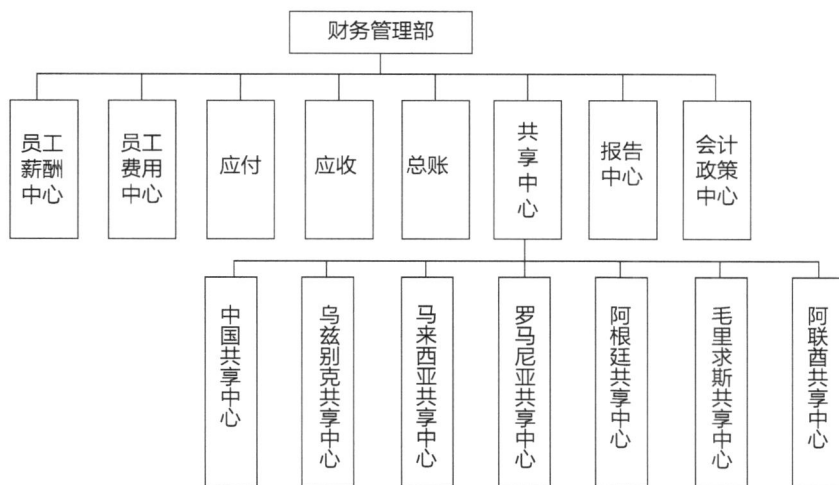

图8.2 - 4　华为现金流集中管理架构

3. 核算四个统一

同时，华为还建立了核算的四个统一：一是所有流程统一，二是所有制度统一，三是所有编码统一，四是表格模板化。这样一来，无论哪个部门、哪个分公司都形成了一套统一的标准，财务部门可以快速对现金流进行核算，尤其对于跨国业务，这种统一会让内部的运作效率、营运资金的占用等都得到极大改善。比如，当机会点出现时，就能知道在什么时间可能签订合同；一旦合同签订了之后，就知道大概什么时候要交付，什么时候需要备货，什么时候必须要生产完毕，多长时间货物将会移交给客户。华为的四个统一如图 8.2-5 所示。

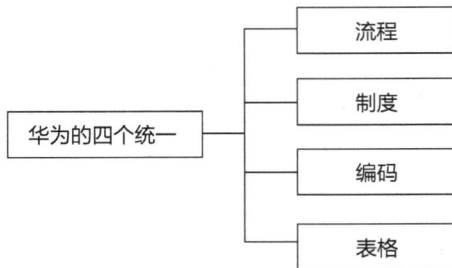

图 8.2-5　华为的四个统一

建立了四个统一，就意味着华为的所有现金流业务都会有一套规范的流程。唯有化繁为简，才能保证现金流第一时间被有效汇总、统计和审核，否则仅仅统一规范这一工作，就有可能出现数月还未完成的局面。以华为的费用报销流程为例，报销人员需要进入集团内部的 SSE 系统，发起报销流程。发起报销流程后，先由所属主管确认，二级部门领导审批。同时报销单交给部门秘书，秘书在系统里面做签收，签收之后秘书定期将凭证寄往深圳，财务人员收到报销凭证后会打款。这套流程是任何人都不能违反的。

4. 未雨绸缪，扩大现金流融资思路

2020 年 3 月，华为发布 2019 年年度报告，数据显示：华为全球销售收入 8 588 亿元，同比增长 19.1%，净利润 627 亿元，经营活动现金流 914 亿元，同比增长 22.4%。

914 亿元，说明华为具有非常充裕的现金流，足以应对日常经营。但是就在 2019 年 9 月，华为正式宣布：将谋求首次在中国境内发行公募债券。华为共注册两期中期票据，各募集 30 亿元，将用于补充公司本部及下属子公司营运资金。2019 年 10 月 22 日，华为发行的第一期 30 亿元发行额引来 92.3 亿元申购资金争

抢，认购倍数达到 3.08 倍。

为什么，一方面现金流较为充裕，另一方面却又开启融资计划？

这就是华为的现金流管理思路：未雨绸缪，通过融资扩大现金流的来源，进一步保证华为现金流的健康。全球化探索的华为，一旦遭遇某个地区的现金流危机，就有可能给整个集团的全球化战略造成负面影响，所以虽然现金流充裕，但是华为依然启动融资计划。而对于为什么选择发行公募债券，任正非说道："发债的成本很低，融资才 4% 的成本。"换而言之，尽管发行公募债券会有一定的成本，但是不过 4% 的成本就可获得 30 亿元乃至更高的现金流，华为足以承担这样的风险。

发行公募债券，也是华为对外的一种信用价值彰显。华为资管部门明确表示："华为必须在最好的情况下发债，增强社会的了解和信任，不能到困难了再发债。"通过这种方式，华为让银行、金融机构看到华为的现金流和经营能力都非常健康，能够无压力偿还融资产生的利息。这样一来，银行与金融机构也会调高华为的信用等级，这为未来华为更大层面上的融资做好了铺垫。

8.3　企业防范现金流风险的措施

为了保证现金流的安全，企业必须针对现金流风险制定精准的防范措施。这种防范措施，要囊括企业筹资、投资决策、营运资金三个重要的方面。

8.3.1　加强筹资管理

对于筹资的管理，企业要从以下两个角度入手。

1. 严格按照规范的流程进行

筹资过程中的风险，就在于流程是否规范、透明。很多企业筹资时往往只顾最终的融资金额，忽视流程的科学，结果发现筹资的规模完全无法满足企业生产要求，或是没有严格的核算，结果发现需要偿还的利息已经超过了盈利能力。

企业加强筹资管理的第一步，就是规范流程，保证每一个阶段都有明确的分析书、审核书。筹资业务流程如图 8.3-1 所示。

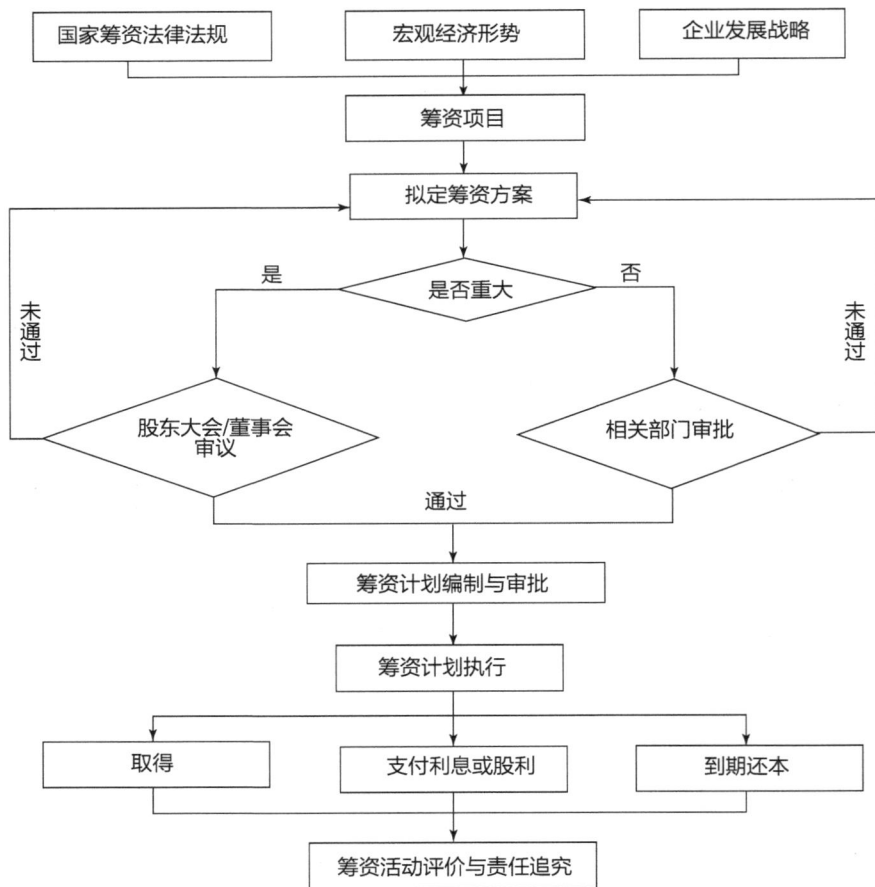

图 8.3-1　筹资业务流程

2. 重视筹资活动的主要风险及其控制措施

筹资活动过程中的主要风险及其控制措施如表 8.3-1 所示。

表 8.3-1　筹资活动过程中的主要风险及其控制措施

筹资关键风险点	控制目标	控制措施
提出筹资方案	进行筹资方案可行性论证	1. 进行筹资方案的战略性评估，包括是否与企业发展战略相符合，筹资规模、资本结构、资金来源、筹资成本是否适当
		2. 进行筹资方案的经济性评估，如筹资成本是否最低，资本结构是否恰当（以什么方式筹资），筹资成本与资金收益是否匹配
		3. 进行筹资方案的风险性评估，如筹资方案面临哪些风险，风险大小是否适当，风险是否可控，风险是否与收益匹配
		4. 筹资方案的内容是否完整、考虑是否周密、测算是否准确等
		5. 所筹资金产生的效益是否恰当，是否符合企业现状
筹资方案审批	选择批准最优筹资方案	1. 根据分级授权审批制度，按照规定程序严格审批经过可行性论证的筹资方案
		2. 审批中应实行集体审议或联签制度，保证决策的科学性，避免一人说了算或者拍脑袋行为
制定筹资计划	制定切实可行的具体筹资计划，科学规划筹资活动，保证低成本、高效率筹资	1. 根据筹资方案，结合当时经济金融形势，分析不同筹资方式的资金成本，正确选择筹资方式和不同方式的筹资数量，财务部门或资金管理部门制定具体筹资计划
		2. 根据授权审批制度报有关部门批准
实施筹资	保证筹资活动正确、合法、有效进行	1. 根据筹资计划进行筹资
		2. 签订筹资协议，明确权利和义务
		3. 对筹资条款认真审核，防止因合同条款而带来潜在的不利影响
		4. 按照岗位分离与授权审批制度，各环节和各责任人正确履行审批监督责任，实施严格的筹资程序控制和岗位分离控制制度
		5. 做好严密的筹资记录，发挥会计控制的作用

续表

筹资关键风险点	控制目标	控制措施
筹资后管理	会计控制，正确核算、合理使用	1. 筹集资金到位以后，应按照国家统一会计准则和制度做好筹资费用的计提、支付以及会计核算等工作
		2. 妥善保管筹资合同、协议、凭证、账簿资料
		3. 定期与有关方进行财务核对
		4. 避免无法保证支付筹资成本导致的风险（例如无法按期支付利息）
		5. 做好具体资金管理工作，保证资金安全、合规使用
筹资活动评价与责任追究	保证筹集资金的正确有效使用，维护筹资信用	1. 促成各部门严格按照确定的用途使用资金
		2. 监督检查，督促各环节严密保管未发行的股票、债券
		3. 监督检查，督促正确计提、支付利息
		4. 加强债务偿还和股利支付环节的监督管理
		5. 评价筹资活动过程，追究违规人员责任
特殊事项	应对资本结构不合理带来的风险	保持较高的资金流动性以应付不合理资本结构带来的财务风险

8.3.2　加强投资决策管理

对于投资决策的管理，企业要从以下两个方面入手。

1. 严格按照规范的流程进行

投资决策直接决定了未来现金流的流向，如果没有按照规范的流程进行，那么投资失败的可能性就会大大增加。如果企业高层没有按照投资的流程进行审核，只看到收益，忽视风险，高层一个人或几个人就可以做出投资决定，很可能给企业带来了巨大的危害。

所以，进行投资决策，要遵循规范的流程。投资业务流程如图 8.3-2 所示。

2. 重视投资活动的主要风险及其控制措施

投资活动的主要风险及其控制措施如表 8.3-2 所示。

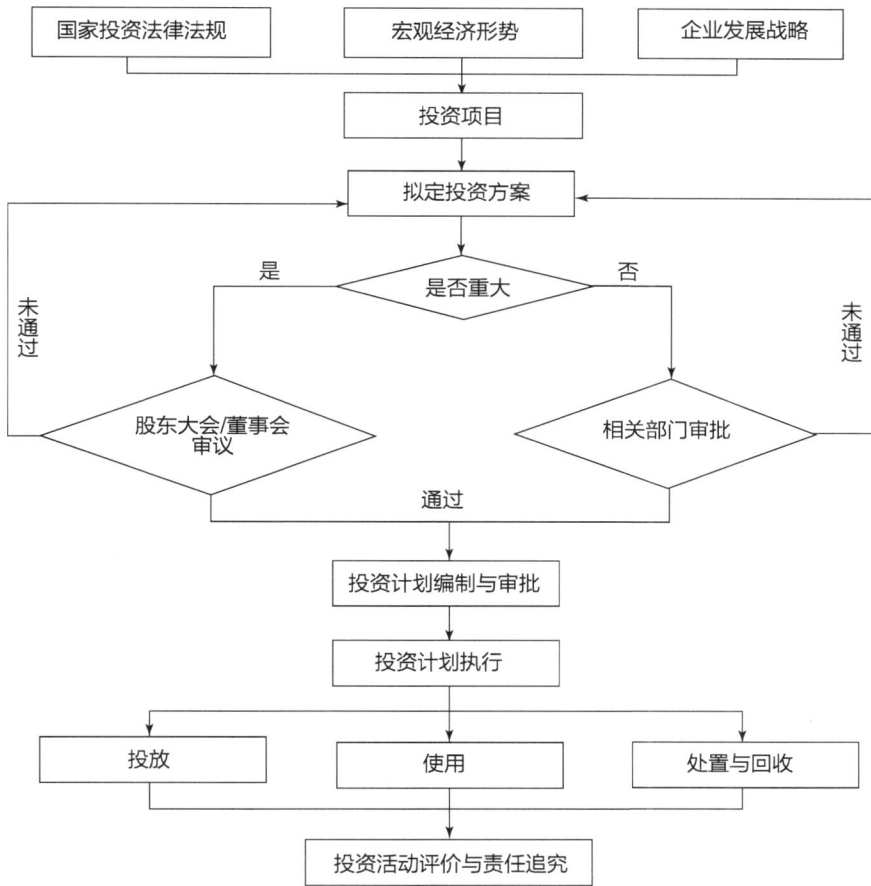

图 8.3-2　投资业务流程

表 8.3-2　投资活动的主要风险及其控制措施

投资关键风险点	控制目标	控制措施
提出投资方案	进行投资方案可行性论证	1. 进行投资方案的战略性评估，包括是否与企业发展战略相符合 2. 投资规模、方向和时机是否适当 3. 对投资方案进行技术、市场、财务可行性研究，深入分析项目的技术可行性与先进性、市场容量与前景，以及项目预计现金流量、风险与报酬，比较或评价不同项目的可行性

续表

投资关键风险点	控制目标	控制措施
投资方案审批	选择批准最优投资方案	1. 明确审批人对投资业务的授权批准方式、权限、程序和责任，不得越权 2. 审批中应实行集体决策审议或者联签制度 3. 与有关被投资方签署投资协议
编制投资计划	制定切实可行的具体投资计划，作为项目投资的控制依据	1. 核查企业当前资金额及正常生产经营预算对资金的需求量，积极筹措投资项目所需资金 2. 制定详细的投资计划，并根据授权审批制度报有关部门审批
实施投资方案	保证投资活动按计划合法、有序、有效进行	1. 根据投资计划进度，严格分期、按进度适时投放资金，严格控制资金流量和时间 2. 以投资计划为依据，按照职务分离制度和授权审批制度，各环节和各责任人正确履行审批监督责任，对项目实施过程进行监督和控制，防止各种舞弊行为，保证项目建设的质量和进度要求 3. 做好严密的会计记录，发挥会计控制的作用 4. 做好跟踪分析工作，及时评价投资的进展，将分析和评价的结果反馈给决策层，以便及时调整投资策略或制定投资退出策略
投资资产处置控制	保证投资资产的处理符合企业的利益	1. 投资资产的处置应该通过专业中介机构，选择相应的资产评估方法，客观评估投资价值，同时确定处置策略 2. 投资资产的处置必须经过董事会的授权批准

8.3.3　加强营运资金管理

营运资金的关键风险点、控制目标及其控制措施如表 8.3-3 所示。

表 8.3-3　营运资金的关键风险点、控制目标及其控制措施

营运关键风险点	控制目标	控制措施	设计有效性评价	运行有效性评价
审批	合法性	未经授权不得经办资金收付业务。明确不同级别管理人员的权限。收（付）款项目符合预算要求、符合合同管理要求	制度中是否包含分级授权审批的内容；资金支出制度中是否含有预算管理的要求、合同管理的要求。规定是否适当	1. 取得职责分工文件、审批资料、授权文件等资料，分别从现金收款、现金付款、银行收款、银行付款、其他货币资金中，抽取一定的样本，检查涉及资金业务的经办人员进行业务活动时是否得到了授权、审批

营运关键风险点	控制目标	控制措施	设计有效性评价	运行有效性评价
				2. 资金支出的申请单上是否有用款申请，记载用途、金额、时间等事项；资金支出是否真正合理合法，与单位业务内容相关
				3. 经办人员在原始凭证上签章；经办部门负责人、主管总经理和财务部门负责人审批和签章是否完整
				4. 收（付）款项目是否有预算，并检查是否符合单位预算管理要求
				5. 收（付）款项目是否按要求签订合同，并检查是否符合单位合同管理的要求
复核	真实性与合法性	会计对相关凭证进行横向复核和纵向复核	制度中是否包含对相关凭证进行复核的内容	1. 检查资金收支原始凭证，是否有会计人员审查原始凭证，反映的收支业务是否真实合法，经审核通过并签字盖章；原始凭证反映的收支业务是否真实合法
				2. 检查会计主管、审核、出纳和制单等人员在凭证上的签章是否齐全
收支点	收入入账完整，支出手续完备	出纳人员根据审核后的相关收付款原始凭证收款和付款，并加盖戳记	制度中是否包含出纳人员根据审核后的相关收付款原始凭证收款和付款，并加盖戳记的内容	1. 取得收付款的原始凭证，检查出纳人员是否按照审核后的原始凭证收付款，并对已完成收付的凭证加盖戳记，并登记日记账
				2. 取得收付款的原始凭证，检查主管会计人员是否及时准确地记录在相关账簿中，定期与出纳人员的日记账核对
记账	真实性	出纳人员根据资金收付凭证登记日记账，会计人员根据相关凭证登记有关明细账。主管会计登记总账	制度中是否包含登记相关账簿的内容	1. 抽取一定的样本，检查出纳人员是否根据资金收付凭证登记日记账
				2. 检查会计人员是否根据相关凭证登记有关明细账

续表

营运关键风险点	控制目标	控制措施	设计有效性评价	运行有效性评价
对账	真实性和财产安全	账证核对、账表核对与账实核对	制度中是否包含对账的内容	1. 查阅单位对账记录，检查出纳人员是否将现金日记账与明细账、总账核对
				2. 取得银行对账单、余额调节表等资料，检查是否定期对账，差额是否及时按照相关权限处理
保管	财产安全与完整	授权专人保管资金，定期、不定期盘点	制度中是否包含授权专人保管资金，要定期、不定期进行盘点的内容	取得现金、有价证券的盘点记录，检查是否定期、不定期进行盘点
银行账户管理	防范小金库，加强业务管控	开设、使用与撤销的授权	单位是否制定有银行账户管理的相关规定	1. 查阅银行存款明细，了解银行开户情况
				2. 取得银行账户的开立、使用和撤销的相关批复是否有授权
票据与印章管理	财产安全	票据统一印制或购买，票据由专人保管，印章与空白票据分管，财务专用章与企业法人章分管	1. 了解单位是否制定了支票保管和签发的程序和制度	1. 获取支票领、用、存登记簿，核对现存空白支票是否与登记簿相符，每次购买均经适当审批并及时登记
			2. 单位是否制定了票据与印章管理的相关规定，规定是否适当	2. 抽取一定数量的作废发票，检查是否完整保存，并已加盖"作废"章
				3. 财务专用章、经理章和支票的保管要有适当的职责分离

第 9 章
企业资金管理的各项工作与资金预测报告编制

    企业资金管理水平往往是决定企业存亡的关键，企业资金的每一次安排与使用都会影响资金使用效率，而低效的企业资金管理必然导致大量资金被挤压在中间环节，难以发挥应有效用。本章将详细介绍企业资金管理的各项工作与资金预测报告编制等内容，从企业实际出发，对资金管理的各个细节进行深入剖析，帮助企业提升资金管理水平、控制资金运营风险，并提升资金利用效率、加快企业发展。

9.1 企业现金流与银行管理

现金流是企业运营的血液，很多企业倒闭并非因为没有足够的利润，而是因为没有足够的现金流支撑企业正常运转。在企业资金管理中，企业现金流与银行管理则是基础工作，只有对企业现金与银行存款、银行承兑汇票进行充分管理，企业才能对企业信贷政策和银行信用额度产生正确认知。

9.1.1 企业现金与银行存款的管理

为加强企业现金管理，健全企业现金收付制度，企业应当建立完善的现金与银行存款管理制度，规范现金与银行存款的收支和保管。

1. 现金的收支与保管

现金主要指企业库存现金。为规范现金管理，企业库存现金应维持在一定限额内，超过限额的库存现金应于当日送存银行。与此同时，企业还需明确现金的使用范围，并遵循现金收付原则对其进行管理。

（1）现金的使用范围。现金主要用于企业日常经营的零星支出，其使用范围一般分为 5 类，如图 9.1－1 所示。

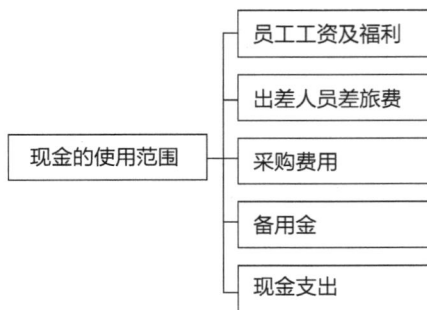

图 9.1－1　现金的使用范围

①员工工资及福利，包括员工工资、奖金、津贴及劳保福利费用。

②出差人员差旅费。

③采购费用，包括采购办公用品或其他物品的支出，金额较小，一般为1 000元以下。

④备用金，指业务活动的零星支出备用金。

⑤现金支出，包括确需现金支付的其他支出。

（2）现金收付原则。企业的现金收付应当遵循以下基本原则。

①收付现金必须根据规定流程办理，如未经审批或超越规定审批权限的，出纳应拒绝付款；且不得以白条顶款，不得垫支挪用。

②购买物品或支付货款，应尽量使用支票、汇款等转账方式，减少现金支付。

③因公外出或采购物品需要借用现金时，需经过审批程序。

④不得擅自将现金借给个人或其他单位，不得利用银行账户代其他单位或个人存入或支取现金。

⑤不得保留账外公款。

（3）现金保管。现金保管的责任人一般为出纳，出纳需对现金进行严格管理。

①超过库存限额的现金应当及时送存银行。

②除工作时间需要的少量备用金可放在出纳处外，其余现金均应放入出纳专用保险柜，不得随意存放。

③保险柜密码应由出纳严格保管，不得向他人泄露；如出纳岗位出现调动，新出纳应及时更换密码。

④现金应整齐存放，保持清洁，防止霉烂、虫蛀等造成现金损失。

2. 银行存款的管理

在企业日常经济业务活动中，除了按国家现金管理规定可使用现金的情况外，企业都应当通过银行办理转账结算，且按照银行结算办法的规定程序进行银行存款每一笔收入和支出的结算。

（1）银行存款收入管理。出纳在办理每一笔银行存款收入业务时，都应当认真复核相关票据的真实性、完整性及准确性，尤其是银行汇票、银行本票、支票等结算凭证，出纳应在单据结算规定日期前办理进账，并加盖"转账收讫"印章。

（2）银行存款支出管理。企业日常经营活动产生的各项银行存款支出，都需遵循相应的请款程序，由业务经办人正确填写请款单，经部门领导、主管经理、总经理、财务经理审批后，由出纳按照凭证办理银行存款支出手续，并保存请款单、银行回单等单据。

（3）银行存款管理制度。为进一步完善企业银行存款管理制度，企业每月应至少将银行存款日记账与银行对账单核对一次，检查银行存款的收付及结存情况，如发生账单不符的情况，企业则需进一步核查原因。

一般而言，账单不符的情况主要有 3 种，如图 9.1–2 所示。

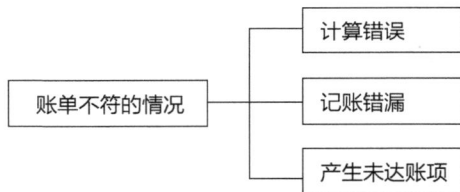

图 9.1–2　账单不符的情况

①计算错误，即企业或银行对银行存款结存额计算错误。

②记账错漏，指企业或银行对银行存款收支的错记或漏记。

③产生未达账项，指银行和企业对某笔款项收入业务的记账时间不同，导致一方已经入账、另一方尚未入账的情况。

在实务中如出现账单不符的情况，企业必须尽快查明原因，并进行相应调节，直至账单一致。

9.1.2 银行承兑汇票的管理

银行承兑汇票是商业汇票的一种，是由付款人委托银行开具的一种延期支付票据，票据到期后银行有见票即付的义务。银行承兑汇票的最长期限为一年，在票据期限内，企业可以进行背书转让。

银行承兑汇票的广泛应用，能够有效加速资金周转和商品流通，但银行承兑汇票同样存在一定的票据风险，需要企业建立完善的管理制度，以保证资金安全，控制资金风险。

1. 银行承兑汇票的出票人应具备的条件

银行承兑汇票是银行基于对出票人资信的认可而给予的信用支持，因此，在银行承兑汇票的管理中，企业需明确银行承兑汇票出票人应具备的条件。

（1）在承兑银行开立存款账户的法人或其他组织。

（2）与承兑银行具有真实的委托付款关系。

（3）能提供具有法律效力的购销合同及对应的增值税发票。

（4）有足够的支付能力、良好的结算记录和信誉。

（5）与银行具有良好信贷关系，且无贷款逾期记录。

（6）能提供有效担保，或按要求存入一定比例的保证金。

（7）有良好的信用保证。

2. 银行承兑汇票的承兑人应具备的条件

虽然各个银行都可以作为银行承兑汇票的承兑人，但对于不同银行机构开出的银行承兑汇票，企业也需采取不同的管理措施。一般情况下，企业可将其分为可以接受和视情况接受两类。

（1）可以接受。国有商业银行、股份制银行承兑能力较强，一般可以接受其开出的银行承兑汇票，如中国工商银行、中国农业银行、中国银行、中国建设银行，以及交通银行、中信银行、平安银行、广东发展银行、民生银行、招商银行、华夏银行、中国光大银行、兴业银行和上海浦东发展银行等。

（2）视情况接受。对于地方商业银行及信用合作社开出的银行承兑汇票则要根据实际情况决定是否接受。

3. 银行承兑汇票的管理

收取银行承兑汇票时，企业必须认真鉴定票据真实性，并对票据记载的各要素进行严格审查，确保要素齐全、符合要求后，可开具收款收据或交接单。在银行承兑汇票的流转中，直接前手（即客户单位）需对银行承兑汇票背书，并保证票据背书的一致性。票据背书格式如表 9.1-1 所示。

表 9.1-1　票据背书格式

被背书人 F	被背书人 G	被背书人 H	被背书人 I	被背书人 J
背书人 A （签章） 年 月 日	背书人 B （签章） 年 月 日	背书人 C （签章） 年 月 日	背书人 D （签章） 年 月 日	背书人 E （签章） 年 月 日

如企业无法辨别银行承兑汇票真伪，或票据存在要素不全、不符合要求的情况，企业则应拒绝收取票据。具体而言，主要可能存在的情况如图 9.1-3 所示。

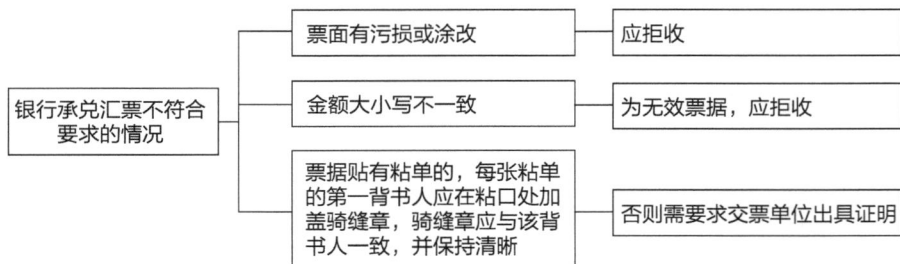

图 9.1-3　银行承兑汇票不符合要求的情况

4. 银行承兑汇票的存放与出库

企业应对银行承兑汇票进行妥善保存，其中，纸质银行承兑汇票应存入专用保险柜或指定银行，电子承兑汇票则应由专人保管在相应银行 U 盾、密码器等转账工具内。

收到银行承兑汇票并经审查无误后，企业应设置专用账簿进行登记管理，即银行承兑汇票台账，主要记录票面基本要素、对方企业名称、经办人姓名、收付票时间等内容。

票据管理人员则需每日对库存票据进行盘点，并编制票据盘点表。企业还应安排财务人员对库存票据进行不定期抽查盘点，确保票据日记账与台账、台账与库存数核对一致。

在银行承兑汇票出库时，票据管理人员填写交接单，并按规定进行背书，由收取方在银行承兑汇票复印件上签字确认后，登记银行承兑汇票台账。

9.1.3　企业信用政策对现金流的影响

企业信用政策，一般指企业的应收账款管理政策。在特定市场环境下，为了促进销售、推动存货周转，企业可以制定关于应收账款的发生与收账的一系列政策，如信用期限、现金折扣、信用标准、信用额度或收账政策等。

但在促进销售的同时，企业信用政策也必然会导致应收账款的增加，使企业回款变慢，因此，企业信用政策必须综合考量与应收账款有关的效益与成本。

1. 企业信用政策的主要内涵

企业信用政策主要包含以下几点内容。

（1）信用期限，即客户付款的期限。合理的信用期限应当着眼于企业总收益的最大化，底线则是基本的损益平衡。

（2）现金折扣，就是客户付现所能获得的折扣优惠。制定现金折扣是企业激励客户快速付款的有效手段。现金折扣能为客户带来较为客观的收益，但企业自身却需要付出一定代价，即货款的减让。

（3）信用标准。企业应根据企业实际和市场情况制定信用标准，从而在确立市场竞争优势的同时，确保自身总收益的最大化。一般而言，信用标准的确定主要需要考虑竞争对手、客户资质和关系、企业市场战略、库存水平及其他要素。随着企业、行业和市场的不断变化，企业也要对信用标准进行实时调整。

（4）信用额度，即企业给予客户的信用额度，需要企业根据自身资金实力、销售政策、生产规模和库存量等因素综合制定。

2. 不同企业信用政策对现金流的影响

企业信用政策大体可以分为保守型、稳健型和宽松型 3 种类型，分别适用于不同的产品周期，其对现金流的影响也各不相同。

（1）保守型企业信用政策。采取这一信用政策的企业通常具有坚实的财务基础，但不愿承担额外风险，因此一般只为财务状况、合作关系良好的企业提供信用政策。保守型企业信用政策主要适用于产品成熟期。

①在产品成熟期，保守型企业信用政策可以为企业获取大量经营性现金流量，但新增的外部资金却很少，现金流量净额通常表现为负值。

②在产品衰退期，保守型企业信用政策则使企业更难实现销售，价格下跌、销售额下滑、库存积压，企业现金流愈发匮乏。

（2）稳健型企业信用政策。采取这一信用政策的企业允许部分客户延期付款，其现金流主要依靠每月收回的应收账款和银行贷款，通常存在一定的逾期账款或应收账款的坏账损失。稳健型企业信用政策主要适用于产品成长期。

在产品成长期，稳健型企业信用政策可以推动销售额增加、利润上升，企业现金流因此得以改善；但在产品销售规模的进一步扩大中，企业大量现金又需要用于投资，因此，逾期账款或坏账损失则可能导致企业面临一定现金流风险。

（3）宽松型企业信用政策，是风险最大的信用政策。采取该信用政策的企业往往将销售额放在首位，而将应收账款的质量放在次位。因此，企业愿意尽量给予客户优惠结算条件，甚至向所有客户提供信用销售，即使客户的付款习惯不佳。宽松型企业信用政策同样适用于产品成长期。

在产品成长期，由于产品认可度低、缺乏稳定市场，为了快速占领市场，企业通常倾向选择宽松型企业信用政策，以销售额的快速增加为主，此时，企业现金流净额大多为负数，需要通过银行贷款或其他渠道获得资金支持。

9.1.4　银行信用额度的申请与银行贷款

银行贷款是企业现金流的重要来源，银行贷款管理是企业资金管理的重要组成部分。但对企业而言，银行贷款必然面临较长的融资时间，从融资规划到最终放款，甚至需要经过长达6个月的等待期。

因此，企业就必须明确银行信用额度的申请与银行贷款流程，确保在需要办理银行贷款时，能够以更高的效率获得授信以及资金。

1. 银行信用额度

银行信用额度是指银行为企业核定的短期授信业务的存量管理指标，一般可分为单笔贷款授信额度、借款企业额度和集团借款企业额度。

利用银行信用额度贷款是一种快捷的短期融资方式。在规定的一段时间内，在银行核定的信用额度内，企业可以便捷地循环使用银行的短期授信资金。

例如，某企业从银行申请到为期1年的200万元的信用额度，那么，在之后的1年内，只要企业使用的授信额度不超过200万元，就可以循环使用，比如该企业使用200万元1个月后还清，下个月就可以再借200万元，如果该企业1个月后还款100万元，则在剩余100万元尚未还款之前，企业之后最多只可以使用100万元。从某种意义上来说，银行信用额度就类似银行给企业办理的一张"白金信用卡"。

一般而言，银行信用额度可以分为有条件的信用额度与无条件的信用额度。

（1）有条件的信用额度，即企业必须提供相应的资产作为担保，如实物抵押、个人或其他企业担保、承兑汇票贴现等，以获取银行信用额度。

（2）无条件的信用额度，即当企业经营状况和信用良好时，企业可以提供发票或流动资金等凭证作为资信证明。

2. 银行贷款

常规的银行贷款则较为简单,在银行贷款审核通过后,企业则可以在约定期限和约定的额度范围内使用贷款资金。一般而言,企业办理银行贷款的流程如图9.1-4所示。

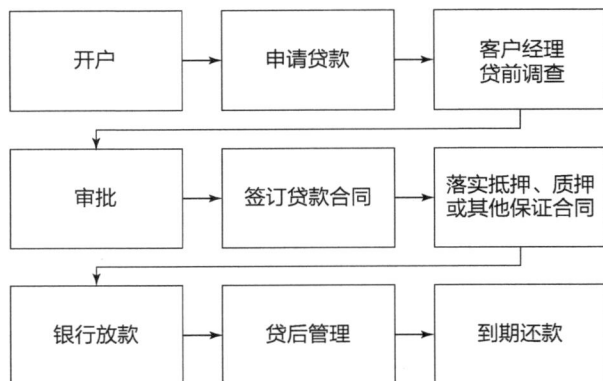

图9.1-4 银行贷款申请流程

3. 提高授信额度

无论是申请银行信用额度,还是办理银行贷款,企业都需要提高授信额度,以满足企业融资需求。一般而言,提高授信额度的方法主要有以下几种。

(1)提供运营证明。企业可以提供运营流水或现金流,证明企业运营情况,从而在还款能力上得到银行认可,提高授信额度。

(2)提供资产证明。企业可以提供房产、车产等资产证明,证明企业资质。

(3)提供资产抵押、质押或其他保证。在证明自身能力的基础上,企业可以提供资产抵押、质押或其他保证。

(4)提供其他企业或个人担保。如企业自身资信不足,企业可以引入其他有资质的企业或个人作为担保。

(5)保持良好信用。无论是企业,还是法定代表人、股东,都需要保持良好信用习惯，按时还款。

（6）主动申请提高授信额度。在企业资信提升或有融资规划时，企业应提前主动申请提高授信额度。

9.2 供应链对企业现金流的影响

每个企业都是其供应链的一个重要节点，在与上下游企业的合作中，企业业务才能有序推进，而供应链对企业现金流的影响则更加直接，尤其是对库存采购和供应商付款条款的影响，更需要企业加强关注。

例如，某企业上半年平均货币资金持有量为 400 万元，其中 3 月的货币资金持有量最低，为 270 万元，如加上贴现或背书的银行承兑汇票，则该企业广义货币资金的平均持有量为 800 万元。但到了 7 月，由于收到的银行承兑汇票骤减，该企业 7 月的广义货币资金存量只有 430 万元，仅为上半年均值的 53.75%，企业资金周转因此出现困难。

经分析，该企业 7 月应收账款与应付账款的比例严重失衡，达到 1∶1.78，这就意味着，企业每欠供应商 1 元钱，就有客户欠企业 1.78 元，这也直接导致企业资金缺口达到 900 万元，几乎处于失控状态。

进一步分析可见，该企业 7 月采购了大量物料，总计达 350 万元，其他成本费用合计 300 万元，但与此同时，企业库存周转天数却比去年同期增加了 1 周，导致大量资金被占用。

相对地，该企业 7 月的销售收现率则仅为 58.24%，而上半年的平均水平则为 81%，企业大量货款未能及时收回，应收账款平均收现期延长为 114 天，比去年同期增加近 1 个月，但应付账款平均账期却比去年同期缩短了 10 天，导致企业近 100 万元资金被占用。

如此一来，该企业不得不通过从上级企业融资来渡过 7 月的资金紧张期，但融资获得的资金收入却是一次性的，如果该企业仍然无法对库存采购和供应商付款条款进行有效管理，则企业资金困境也将延续。

9.2.1　库存采购对现金流的影响

在企业的资金运营中，库存采购是不可忽视的重要一环。多年来，关于库存采购的各种方法论层出不穷，但都无法真正使库存采购对现金流的影响消弭，甚至如前文案例所述，一旦库存增加或采购成本增加，企业就可能落入资金周转困境，面临"无钱可用"的风险。

1. 库存采购占用现金流

为了有效应对库存采购对现金流的影响，企业就要明确库存、采购是如何占用企业现金流的。

（1）不可能的"零库存"。库存必然会占用企业大量现金流，库存不仅无法给企业带来利润，还会增加仓储成本，出现物料贬损的情况，库存占用的资金和场地更是直接占用了企业的发展机会。

然而，无论企业如何向"零库存"的目标努力，都不可能真正消除库存，只能尽量减少库存，通过加速库存周转，减少资金占用。

（2）采购成本的复杂性。采购成本对现金流的影响，源自采购成本本身的复杂性。很多企业将采购成本单纯地理解为物料成本，即物料价格，但事实上，在采购过程中，物料价格虽然是采购成本的主要构成部分，但质量、批量等因素，以及价格谈判、战略管理等方法，都会直接影响企业的采购成本。

因此，要认清采购对现金流的影响，就要站在采购成本的角度，对整个采购流程进行综合考量，确保每个环节、步骤的资金使用效率最大化。

2. 把握库存采购时机

物料价格通常围绕某一水平线上下波动，企业对物料的需求一般也有大致规律。因此，为了有效应对库存采购对现金流的影响，企业就要在物料价格的变动中把握时机，根据物料需求及价格、其他费用等要素，准确抓住价格低点，或适时进行提前采购。库存采购的几个策略如图9.2-1所示。

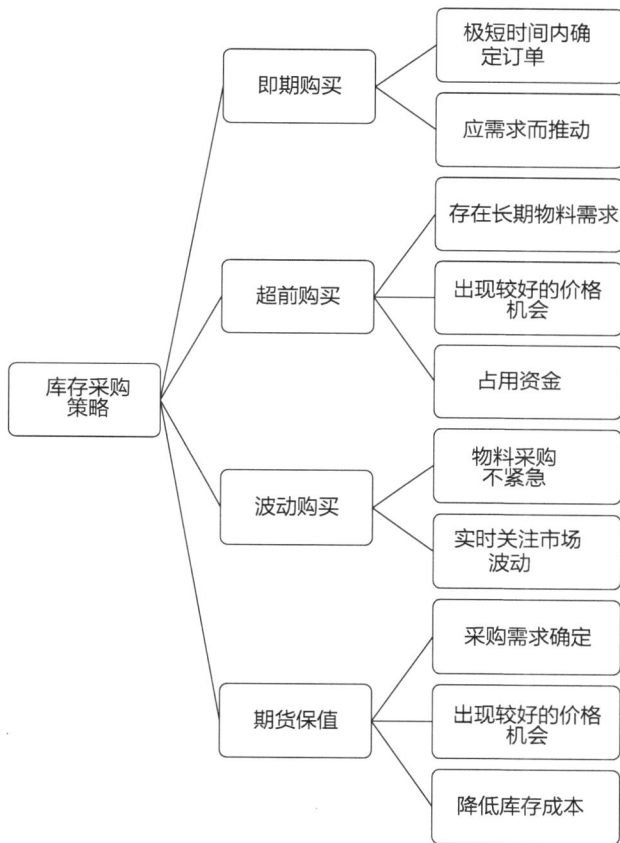

图9.2-1 库存采购的策略

（1）即期购买。如果采购需要较为紧急，那企业只能采取即期购买的策略，在极短的时间内确定供应商并下达订单。这种采购一般应业务需求而推进，企业难以提高资金利用率。

（2）超前购买。如企业存在长期物料需求，且市场出现较好的价格机会，能够大幅覆盖库存成本、资金成本，此时，即使当前物料足够，企业也可借助超前购买策略，把握市场机会，提前采购物料。这种方式在短期内会占用企业大量资金，但从长期考虑却能带来更大的收益，企业需要经过综合分析，避免因此遭受流动性风险。

（3）波动购买。如果某种物料的采购并不紧急，企业则可以采用波动购买的策略。在波动购买中，企业可以基于某一预定的采购点、采购批量，实时关注市场波动，并抓住价格低点进行采购。

（4）期货保值。当采购需求确定，且市场出现较好的价格机会，但企业不想支付额外的库存成本时，可通过期货保值的形式，与供应商约定价格和供应日期等信息，从而在降低库存成本的同时实现保值目的。

9.2.2　供应商付款条款对现金流的影响

供应商付款条款是指企业向供应商支付款项的方式，简单来说，就是在多长时间内分几笔款项支付，分别支付多少。对企业而言，供应商付款条款越灵活、账期越长，对企业自然越有利，因为其占用资金就越少。在实务中，为了减轻账期压力，供应商会对付款条款做出明确要求。在企业资金管理中，企业必须注意供应商付款条款的约定。

库存采购占用了企业大量的现金流，很多企业都希望付款越晚越好，早期付款越少越好，但在实务中，企业能够获得的账期却十分有限，下游客户可能需要承担相对更多的应收账款，这就是所说的应收账款与应付账款比例失衡。

这种情况下，如果企业无法拿到更加优惠的供应商付款条款，企业大量自有资金就会被占用，且难以创造应有的效益。为此，企业就要做好供应商付款条款的设计和谈判。

供应商付款条款主要涉及支付方式、付款方式和供应商优惠政策三大内容，企业应当对以上内容进行综合考量。

1. 支付方式

一般而言，采购支付方式主要包括现金支付、票据支付等方式。

如果企业资金充裕则可以采用现金支付，使采购付款更加快捷高效，而且供应商针对现金支付也会给予一定的价格优惠。大多数情况下，为了缓解企业的资金压力，承兑汇票是常见的采购支付方式，承兑汇票能够让企业利用远期付款方式减少资金占用。

2. 付款方式

根据付款进度的不同，企业也可以选择不同的方式支付采购款项。主要付款方式有 5 种，如图 9.2-2 所示。

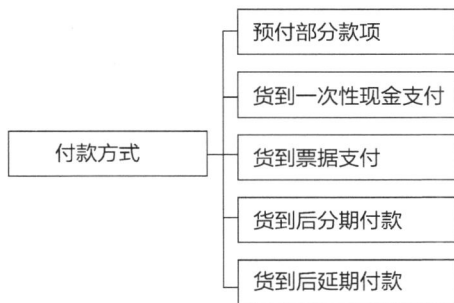

图 9.2-2 采购付款方式

企业可以根据自身需求进行灵活选择，或将上述几种方式结合应用。

3. 供应商优惠政策

供应商为了缓解自身的资金压力、尽快回笼资金，通常也会出台相关的优惠政策，对此企业需要根据实际情况和优惠政策，选择合适的付款方式。

（1）企业资金充裕，且一次性付款的优惠折扣足够高时，企业可以选择货到一次性现金支付。

（2）企业资金不够充裕甚至短缺时，则应放弃优惠政策，或与供应商协商货到后分期付款或延期付款。

（3）在经常性的物料采购中，企业应与供应商建立良好的合作关系，以享受更好的优惠政策，或在资金不足时，获得一定的信用优惠。

9.3　企业资金预测和划拨

一旦企业因为资金管理缺位而陷入资金周转困境，企业就可能直接面临生存危机；即使企业如前文案例中所述，通过融资实现过渡，但仍然面临额外的资金成本和后续的资金困局。因此，在资金管理中，企业必须从一开始就做好资金的预测和划拨工作，通过建立企业资金池塑造企业对资金收支的掌控力，从而使资金按计划使用，并创造预期的效益。

9.3.1　如何建立企业资金池

资金池，可以理解为现金总库，最早是由跨国公司的财务公司与国际银行联手开发的一种资金管理模式，能够帮助集团企业统一调拨全球资金，最大限度地降低集团持有的头寸。

在持续的发展完善中，企业资金池已经得到众多企业的广泛认可。如今的企业资金池，其实就是指企业将下辖的分公司账户资金加以归集，并在需要时再进行下拨支付，其中的归集账户就是资金池，其具体业务事项如图9.3-1所示。

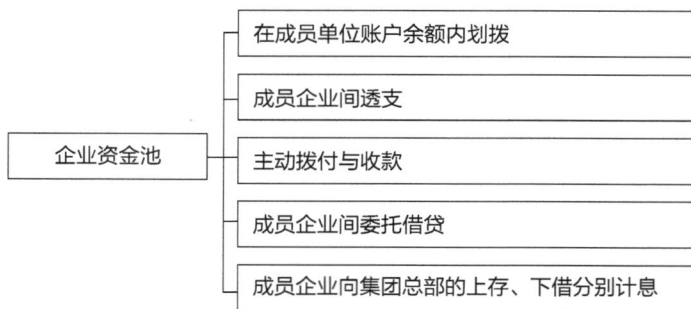

图9.3-1　企业资金池业务

不同企业对资金池的具体描述可能不同，但总体而言，建立企业资金池，就是要对企业资金进行集中管理。

1. 管理企业资金池的两种模式

一般而言，企业资金池的管理可以分为两种模式。

（1）财务公司模式。集团企业可以在内部成立财务公司，充当"内部银行"的角色，各分公司需将账户资金存放在财务公司账户，而当分公司有支付需求时，则需从财务公司账户中取出资金再行支付；财务公司则会根据每日账户余额向对应分公司支付利息；当分公司账户余额不足以支付时，也可向财务公司申请借款，并支付借款利息。

财务公司就相当于集团内部的一个"银行"，虽然实现了资金归集功能，但由于财务公司对各分公司账户缺乏绝对控制权，因而难以规避分公司留存过多自用资金的情况；而且这种互记资金使用成本的管理模式，也无益于集团整体经营核算。

（2）资金调拨模式。资金调拨模式则由集团内部的资金部主导，资金部根据实际情况为分公司设定账户资金余额并每日进行划拨：当分公司账户资金超过设定余额时，超过部分则自动划拨至集团资金池；而当分公司账户资金低于设定余额时，资金部则自动给予补足。该资金往来过程不计使用成本，也不计利息。

相比于财务公司模式，资金调拨模式取消了资金归集过程中的人为控制，因而能够实现资金的及时、准确归集。资金部也可以根据各分公司资金使用情况进行测算和计划，提高资金使用效率。

2. 企业资金池的建立过程

针对企业资金池的不同模式，其建立过程也有区别。

（1）财务公司模式。企业设立财务公司资金归集账户后，需将归集账户基本信息（户名、开户行、账号等）下发至各分公司，分公司则需根据情况或要求将款项汇至财务公司账户。

（2）资金调拨模式。资金调拨模式同样需要设立资金归集账户，但需要与银行签订资金归集协议，各分公司也都需在该银行所属网点开户，从而由银行根据企业设定的留存余额自动进行资金归集。

在资金调拨模式下，由于资金池与分公司账户间的资金往来频繁，企业一般需要引入专门的资金系统与银行进行数据连接，实现银企数据的实时同步更新。

3. 企业资金池的优劣势

资金池虽然是一种有效的资金管理工具，但它同样有其优势与劣势，企业应对此形成充分认知，从而结合企业实际建立适合自己的企业资金池。

（1）优势。企业资金池的优势主要体现在以下5点。

①提高资金使用效率。通过对各分公司的资金进行归集和统一调拨，集团可以减少对贷款的依赖，尤其是降低分公司的融资需求。

②增强集团管控。通过资金的上划下拨，集团可以在资金层面上实现对分公司的管控，从而降低集团运营风险。

③厘清经营情况。资金池可以准确地反映集团内部现金流情况，也可以作为有效的经营情况证明，帮助集团获得更高授信额度或支付更低融资成本。

④优化集团管控。围绕企业资金池，集团可以搭配财务共享系统、资金管理系统、审批系统、预算管理系统等，进一步优化集团管控，如增加集团审批维度、强化对下属公司的管理、保障集团工作合规、推动预算管理工作运行等。

⑤降低分公司运营成本。在企业资金池模式下，当分公司将全部资金上划至归集账户，所有付款由资金池统一支付时，分公司可以实现零资金运营，从而降低运营成本。

（2）劣势。企业资金池的劣势主要体现在以下两个方面。

①分公司的资金使用自由度低，当遇到突发事件需要紧急付款时，可能因

为资金池无法及时付款而陷入困境。

②资金管理权限、资金付款权限全部被收至集团，分公司财务负责人不再具有资金审批话语权，分公司财务部门的效能因此大幅降低。

9.3.2 资金划拨

无论采用财务公司模式，还是资金调拨模式建立企业资金池，企业都要明确，资金池的设立初衷就是实现资金归集，从而在集团层面上实现对资金使用的整体把控，进而提高资金使用效率。

因此，资金划拨就成为企业资金池管理的工作重点，集团必须要求各分公司或办事处实行收支两条线，根据各自资金需求预测，按月划拨资金。在具体的资金划拨过程中，企业则可以根据自身需求选择多种资金池结构，并从多维度优化企业资金池管理，提高资金划拨效率。

1. 资金池结构

企业资金池主要分为实体资金池和虚拟资金池，而实体资金池又可以分为定时资金池、实时资金池。

（1）定时资金池。定时资金池是国内较早普及的资金池结构，在该结构下，集团总部为资金池开设主账户，并以该账户为资金池签约原点，各分公司、办事处分层级挂接至主账户，资金池账户呈现为树状结构，如图9.3-2所示。

在图9.3-2所示的结构下，银行系统作为资金池的管理平台，为企业提供统一视图、远程监管和收付控制等服务。基于集团预设的资金归集条件，银行系统将形成多对一的批量转账指令，实现资金的定时、定条件归集。

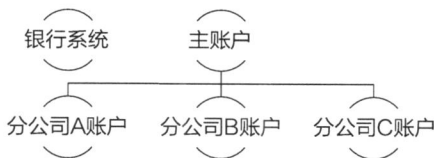

图9.3-2 资金池的树状结构

在此基础上，银行系统也可为资金池提供各种衍生功能，如归集资金次日自动下拨、根据内部借贷利率进行内部计价和结息等。

定时资金池可以保证集团对全部资金的适度集中管理，也可满足各分公司日常结算及银企合作的相对独立性，适用于集团对分公司财务管控不集权但有资金调拨要求的情况。

（2）实时资金池。定时资金池的一个关键不足就是分公司用款需要总部主动拨付，而资金归集也不够及时，因此，随着资金池管理的不断发展，实时资金池结构则能有效弥补这些功能缺失。

实时资金池模式就是在定时资金池模式的基础上，为集团内各层级账户建立实时资金联动，实现资金实时集中和动态共享等功能，是一种更加灵活的资金集中管理模式。

具体而言，在实时资金池模式下，虽然资金仍然归集到主账户，分账户实际余额为零，但分公司拥有可用余额，可用余额即分公司上存主账户的资金与集团允许其透支的资金之和。当分公司需要对外付款时，在可用余额内，资金池就可以实时从上级账户联动下拨，满足分公司的付款需求；而当分公司收到款项入账时，系统则会自动将其联动归集至上级账户。

此外，实时资金池的衍生功能还包括集团式委托贷款内部计划制定、集团法人透支额度共享、零余额或保留余额的实时归集等，为企业提供更多流动性管理功能拓展及组合应用。

实时资金池能够实现对集团资金的实时控制和统一运作，适用于集团对分公司财务控制需求较强的情况。

（3）虚拟资金池。实体资金池涉及大量集团资金的物理归集，这就需要集团付出更高的系统建设、维护成本，且资金频繁流动会使资金流转效率降低。因此，不做物理归集的虚拟资金池也成为一种有效的资金划拨手段。

虚拟资金池与实体资金池的核心区别就是资金虚拟集中，分公司资金仍然停留在其自有账户中，无须上存至主账户。但在资金池内，集团仍然可以完成对分公司资金的统筹管理，如统一向银行协议存款定价、实现集团内部有偿借贷、提升集团整体资金使用效率等。

具体而言，相比于实体资金池，虚拟资金池的特点主要表现为 4 个方面。

①资金停留在分公司自有账户，但可根据主账户的协定存款利率获得利息。

②在整个资金池净头寸的前提下，分公司账户可在集团允许的额度内，直接向资金池借入资金，以满足其超余额对外支付的需求。

③在虚拟资金池下，分公司账户可以真实体现其余额数值。但在资金划拨中，每日日终时，资金池仍需将余额为负的分公司账户填平，并于次日将其余额还原。银行系统则可自动为分公司提供集团式委托贷款的对账单和进行利息分配。

④分公司可通过集团式平行委托贷款拆入资金，更加便捷地实现内部融资，而无须经过实体资金池"先上后下"的流程，因而可以节省一定税费。

定时资金池、实时资金池、虚拟资金池都是国内企业常用的资金池模式，这些模式可以帮助企业实现高效资金划拨，将企业外源融资变为内源融资，并加强集团对分公司账户的监控和管理。

2. 提高资金划拨效率

为进一步提高资金划拨效率，企业还应从以下 6 个维度加强资金池管理。

（1）强化银行账户管理。在资金池模式下，无论企业采用实体资金池还是虚拟资金池，无论资金所有权是否发生转移，集团都应加强对资金池银行账户的管理，实现对资金的有效控制，在明确掌握资金动向的同时，合理利用资金进行项目投资，加强集团对分公司的宏观调控。

（2）加强分公司资金的集中管理。随着集团业务不断发展，集团的投资范围愈发广泛，可能涉及多个领域，因此，集团本身很难做到面面俱到，只能对业务进行分拆，由某一分公司跟进执行。在这种模式下，集团资金也难以集中，但在借助资金池对集团资金进行集中管理时，仅靠集团总公司也难以完成整个系统的构建和管理，集团总公司必须与各分公司达成共识，共同协作实现资金划拨效率的提升。

（3）提高资金结算速度。在实体资金池模式下，分公司每日日终必须将全部或大部分资金转移至资金池主账户，这就对分公司资金结算速度提出了更高的要求，集团必须注重资金结算速度的持续提升，确保资金及时转移。

（4）选择合适的资金池平台。无论是财务公司还是银行，都只是集团对资金集中运营管理的平台。虽然财务公司模式能赋予集团更高的自主性，但其对集团的资质要求却也更高，需要集团投入大量人力、物力，以及更高的专业度和更长的筹备时间。

因此，集团应当正确认识财务公司或银行作为资金集中运营管理平台的作用，从集团及分公司实际出发，选择合适的金融机构作为资金池平台。

（5）加强资金预算管理。构建资金池的目的，就是通过资金池掌握分公司的资金情况，但要使这些信息和资金池发挥价值，集团就必须加强预算管理，将资金预算纳入全面预算管理。

为此，集团及所有成员都应当按照收支两条线来编制资金预算，集团总公司也应做好表率，坚持"不制定计划不做事，不做预算不花钱"的管理原则。

与此同时，集团总公司还要加强宣传资金预算管理的重要性，使资金预算得到集团、分公司及全体成员的重视，从而真正提高资金利用效率，推动集团利益的最大化。

（6）完善资金集中运营管理规则。资金池只是企业提升资金使用效率的工具，如果集团无法有效运用这一工具，则不仅会浪费投入的时间、金钱和精力，而且资金池会成为集团发展的阻碍。

更重要的是，在集团业务的发展和市场环境的变化中，集团最初建立的资金池也可能逐渐不适合集团，此时，集团就需要对资金集中运营管理规则进行改变和完善，运用科学的管理方法和权责制的岗位设置，确保资金运营规范，并建立全流程的监督和控制机制。

9.4　资金预测报告的编制

"凡事预则立，不预则废。"在资金管理愈发重要的当下，仅仅将"现金为王"挂在嘴边已经远远不足以推进企业资金管理，如何精准地预测现金流则是对企业更大的考验。企业必须通过资金预测报告的编制，对资金的来源和走向进行调查，从而对资金进行精益化管理。不准确的预测，则会如多米诺骨牌一样，使企业陷入资金管理的恶性循环。

9.4.1　资金预测报告编制方法：直接法

很多企业都曾因为客户晚付货款，不得不向供应商拖欠货款，或在约定支付现金的时点支付银行承兑汇票。而这只是资金预测失误造成的一般损失，很多时候，企业资金预测失误的后果可能是灾难性的。

以银行贷款为例，一笔银行贷款从规划到完成放款的周期可能长达 6 个月，这就需要企业提前 6 个月做好预测，一旦预测失误，放款时间延后会影响后续业务的正常开展，而放款时间提前则导致企业需要承担额外的利息成本。

资金预测如此重要，但很多企业的预测人员却因为不熟悉业务，经常用"拍脑袋"的方式来填数字。其实，即使不是一线人员，预测人员或财务人员同样可以通过各种方法对资金预测进行精细化管理，一个实用的办法就是编制资金预测报告。

资金预测报告的编制并不困难，通过直接法，企业可以直接根据各项现金流预测值进行填列，并做好 3 个月的滚动预测（后文将对此进行详述）。

为了准确编制资金预测报告，企业应做好日常数据积累，坚持做好每日报表的编制工作，一般而言，资金预测报告（日表）如表9.4-1所示。

表9.4-1　资金预测报告（日表）

年　　月　　日

日期	往来单位	应收款额	应付款额	现金余额	银行存款余额	账面余额合计	可用款额

在编制资金预测报告时，企业需要注意两点。

1. 采用收付实现制

虽然资金预测报告可以根据前期数据直接填列，但却并非简单地将利润表上的销售、管理费用直接作为经费预测基础。因为，会计在采用权责发生制进行记账时会出现许多预提待摊的情况，而资金预测应当依据收付实现制来进行。

2. 明确预测逻辑

业务部门预测款项收支情况的逻辑千变万化，预测人员要做好资金预测，就需要与业务部门取得资金管理的共识，深入了解并厘清各部门预测款项收支情况的逻辑，进而据此对款项收支进行核实，不断提高预测精度。

9.4.2　如何根据现金流预测控制日常开支

基于现金流预测结果，企业要对日常开支进行控制，确保日常开支符合企业要求，从而在资金管理中做到精细化。

1. 总原则：无预测不支出

企业控制日常开支的一个总原则，就是无预测不支出。预测并非测完就算，企业要让资金预测成为资金管理的重要助力，就必须遵循预测结果管理日常开支，以免预测失去意义。

基于无预测不支出的总原则，企业在控制日常开支时需遵循 3 个原则，如图 9.4-1 所示。

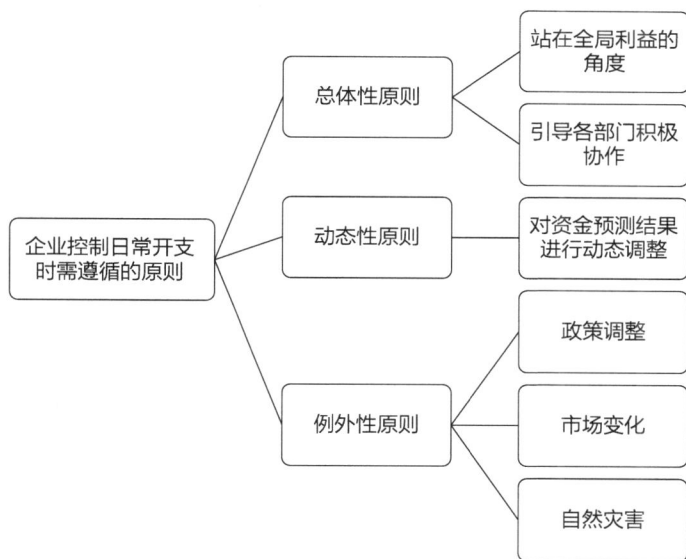

图 9.4-1　企业在控制日常开支时需遵循的原则

（1）总体性原则。资金预测的目的是通过有效预测，调动各部门主体积极、主动地实现总体目标。但在实务中，各部门主体有可能以自身利益最大化为目标，导致局部利益与整体利益相冲突。因此，企业在做资金预测和控制时，就必须站在全局利益的角度，引导各部门积极协作。

（2）动态性原则。资金预测与控制都强调时效性，企业必须根据实际情况对资金预测结果进行动态调整，从而确保资金控制符合业务运营需求。

（3）例外性原则。企业日常运营中总会出现一些不可控或预料外的因素，如政策调整、市场变化、自然灾害等，企业应对此给予例外考虑。

2. 日常开支记录

各类业务台账是预测控制的有效记录，也是预测分析和考核的有力佐证。常见的业务台账包括销售台账、采购台账、生产台账及各部门费用台账。双份同频登记是对业务台账的核心要求。

（1）双份登记。双份登记是按照内部牵制的核心思想而设定的，一份信息必须两人拥有。实务中，双份登记并非单份登记的简单复制，而应由业务部门完成单份登记后，期末财务部门基于业务部门的登记进行审核后形成财务部门登记。

（2）同频登记。同频登记是对双份登记的更严格要求。双份登记不是各记各的，而是双方遵循同样的规则，确保实时同频登记，至少确保月度同频登记，否则双份登记毫无意义。

（3）佐证登记。台账不是孤立存在的，而是以各类业务单据作为记录依据的，比如存货发出以销售出库单、货物验收单等为佐证，销售发票以增值税发票为佐证，销售回款以银行回单、收据等为佐证。

（4）序时登记。序时登记是指台账序时记录、佐证材料序时排列且与台账记录保持一致。

3. 实际收支差异分析

在再严格的资金预测与控制下，企业都可能遇到实际收支与预测结果不符的情况，对此，企业就要做好差异分析，找出实际收支不符或预测结果不准的原因，从而对企业资金管理工作进行调整。

（1）正视差异存在。差异的来源可能多种多样，企业在预测时通常也没必要做到面面俱到，而应根据 80/20 原则对企业主要收支项以及客户、供应商等往来单位进行考量，从而在效率和质量中找到平衡。

（2）修正数据程序。资金预测通常依赖于业务部门提供的数据，但很多企业却又对业务部门提供的数据表示不信任，或认为不符合要求，因而直接对其提供的数据打折推导，这也必然加剧实际收支差异情况的发生。

为了有效控制日常开支，企业应当做好企业内部的宣导，鼓励业务部门提供更加精准的数据。如果销售部门给予的回款数据过于乐观，或采购部门提供的物料价格相对偏高，企业则可以与业务部门进行充分沟通，了解其预测逻辑，并在双方充分沟通协商的基础上对预测数据进行修正。

（3）复盘、分析与改善。预测结果与实际收支的百分百匹配几乎不可能实现，但预测人员仍然需要通过事后的差异分析来提高资金预测精度、改善资金控制效果。

为此，企业可以每月对过去3个月的资金预测和实际情况进行比较，特别是重要项目上出现的大幅差异（5%以上），应逐一对其进行复盘和分析，说明原因并确立改善方案，使资金预测符合实际需求。

资金预测不是目的而是手段，即使资金预测精度再高，如果无法与企业各业务环节相匹配，预测工作也毫无意义。

9.4.3 滚动资金预测报告编制

在资金预测报告（日表）的编制基础上，为了对后续资金情况进行准确预测，企业应当采用滚动预测的方式，基于至少3个月的详细数据，对后续资金情况进行预测。某企业滚动资金预测报告如表9.4-2所示。

表9.4-2 某企业滚动资金预测报告　　　　　　　　单位：万元

	项目	合计	4月	5月	6月
	期初资金余额		1 589.00	1 793.76	2 481.76
	一、经营活动现金流入				
1	销售产生的现金收入	6 900.00	2 300.00	2 300.00	2 300.00
1.1	首付款	3 000.00	1 000.00	1 000.00	1 000.00
1.2	按揭回款	3 000.00	1 000.00	1 000.00	1 000.00

续表

项目		合计	4 月	5 月	6 月
1.3	牛奶款	900.00	300.00	300.00	300.00
1.4	其他	—			
2	政策性补贴收入	300.00			300.00
3	其他经营性收入	—			
	收入小计	7 200.00	2 300.00	2 300.00	2 600.00
	二、经营活动现金流出				
1	薪资支出	240.00	80.00	80.00	80.00
2	材料采购支出	—			
3	工程款支出	4 340.03	1 030.24	1 347.00	1 962.79
4	税金支出	—			
5	其他经营性支出				
	支出小计	4 580.03	1 110.24	1 427.00	2 042.79
	三、投资活动现金流入				
1	投资收益	—			
2	收回投资	—			
3	其他投资性收入	—			
	收入小计	—	—	—	—
	四、投资活动现金流出				
1	对外投资支出	—			
2	土地款支出	—			
3	基建支出	—			
4	设备采购支出	—			
5	其他投资性支出	—			
	支出小计	—	—	—	—
	五、筹资活动现金流入				
1	预缴利润				
2	银行借款	—			
3	利息收入	—			

续表

	项目	合计	4月	5月	6月
4	其他筹资性收入	—			
	收入小计	—	—	—	—
	六、筹资活动现金流出				
1	分配股利、利润	—			
2	归还内部借款				
3	归还银行借款	800.00	800.00		
4	支付利息	630.00	185.00	185.00	260.00
5	其他筹资性支出	—			
	支出小计	1 430.00	985.00	185.00	260.00
	期末资金余额		1 793.76	2 481.76	2 778.97
	七、可融资金额及方式				
1	房产抵押				
2	土地抵押				
3	信用担保				
4	其他				
5	小计				

在编制滚动资金预测报告时，企业需要注意以下4个方面。

（1）编制资金滚动预测报告按3个月滚动预算，即预测未来3个月的资金收支情况，企业还需结合销售、采购及资金成本做出融资规划。

（2）如企业或分公司、部门无融资需求但具备融资条件，也需填列融资数据，以便企业对融资工作进行统筹安排。

（3）每月25日前，企业各部门、分公司需将未来3个月的资金收支预算表报财务部门汇总，其中，已发生资金收支按照实际数填列，如实际收支数据与预算数据差异巨大，应做专门说明。

（4）预算数据与实际收支数据应大致相同，上下浮动空间一般在5%左右，如部门、分公司有紧急付款需求，则须经过总经理审批。